ŒUVRES COMPLÈTES DE FRÉDÉRIC NIETZSCHE
PUBLIÉES SOUS LA DIRECTION DE HENRI ALBERT

—

FRÉDÉRIC NIETZSCHE

–

Le Voyageur

et son Ombre

(Humain, trop Humain, deuxième partie)

TRADUIT PAR

HENRI ALBERT

© 2022 Culturea Editions

Illustration de couverture : © domaine public

Edition : Culturea, le patrimoine des lettres (Hérault, 34)

Contact : infos@ culturea.fr

Retrouvez notre catalogue sur http://culturea.fr

Imprimé en Allemagne par Books on Demand,

In de Tarpen 42, Norderstedt.

Design typographique : Derek Murphy

Layout : Reedsy (https://reedsy.com/)

ISBN : 9791041940608

Dépôt légal : decembre 2022

L'ombre : Il y a si longtemps que je ne t'ai pas entendu parler, je voudrais donc t'en donner l'occasion.

Le voyageur : On parle : où celà ? et qui ? Il me semble presque que je m'entends parler moi-même, seulement avec une voix plus faible encore que n'est la mienne.

L'ombre (après une pause) : Ne te réjouis-tu pas d'avoir une occasion de parler ?

Le voyageur : Par Dieu et toutes les choses auxquelles je ne crois pas, mon ombre parle : je l'entends, mais je n'y crois pas.

L'ombre : Mettons que cela soit et n'y réfléchissons pas davantage ! en une heure tout sera fini.

Le voyageur : C'est justement ce que je pensais, lorsque dans une forêt, aux environs de Pise, je vis d'abord deux, puis cinq chameaux.

L'ombre : Tant mieux, si nous sommes patients envers nous-mêmes, tous deux, de la même façon, une fois que notre raison se tait : de la sorte nous n'aurons pas de mots aigres dans la conversation, et nous ne mettrons pas aussitôt les poussettes à l'autre, si par hasard ses paroles nous sont incompréhensibles. Si l'on ne sait pas répondre du tac au tac, il suffit déjà que l'on dise quelque chose : c'est la juste condition que je mets à m'entretenir avec quelqu'un. Dans une conversation un peu longue, le plus sage même devient une fois fol et trois fois niais.

Le voyageur : Ton peu d'exigence n'est pas flatteur pour celui à qui tu l'avoues.

L'ombre : Dois-je donc flatter ?

Le voyageur : Je pensais que l'ombre de l'homme était sa vanité : mais celle-ci ne demanderait pas : « Dois-je donc flatter ? »

L'ombre : La vanité de l'homme, autant que je la connais, ne demande pas non plus, comme j'ai fait deux fois déjà, *si* elle peut parler : elle parle toujours.

Le voyageur : Je remarque d'abord combien je suis discourtois à ton égard, ma chère ombre : je ne t'ai pas encore dit d'un mot combien je me *réjouis* de t'entendre et non seulement de te voir. Tu sauras que j'aime l'ombre comme j'aime la lumière. Pour qu'il y ait beauté du visage, clarté de la parole, bonté et fermeté du caractère, l'ombre est nécessaire autant que la lumière. Ce ne sont pas des adversaires : elles se tiennent plutôt amicalement par la main, et quand la lumière disparaît, l'ombre s'échappe à sa suite.

L'ombre : Et je hais ce que tu hais, la nuit ; j'aime les hommes parce qu'ils sont disciples de la lumière, et je me réjouis de la clarté qui est dans leurs yeux, quand ils connaissent et découvrent, les infatigables connaisseurs et découvreurs. Cette ombre, que tous les objets montrent, quand le rayon du soleil de la science tombe sur eux, – je suis cette ombre encore.

Le voyageur : Je crois te comprendre, quoique tu te sois exprimée peut-être un peu à la façon des ombres. Mais tu avais raison : de bons amis se donnent çà et là, pour signe d'intelligence, un mot obscur qui, pour tout tiers, doit être une énigme. Et nous sommes bons amis. Donc assez de préliminaires ! Quelques centaines de questions pèsent sur mon âme, et le temps où tu pourras y répondre est peut-être bien court. Voyons sur quoi nous nous entretiendrons en toute hâte et en toute paix.

L'ombre : Mais les ombres sont plus timides que les hommes : tu ne feras part à personne de la manière dont nous avons conversé ensemble.

Le voyageur : De la manière dont nous avons conversé ensemble ? Le ciel me préserve des dialogues qui traînent longuement leurs fils par écrit ! Si Platon avait pris moins de plaisir à ce filage, ses lecteurs auraient pris plus de plaisir à Platon. Une conversation qui réjouit dans la réalité est, transformée et lue par écrit, un tableau dont toutes les perspectives sont fausses : tout est trop long ou trop court. – Cependant je pourrais peut-être faire part de *ce sur quoi* nous serons tombés d'accord.

L'ombre : Cela me suffit : car tous n'y reconnaîtront que tes opinions : à l'ombre nul ne pensera.

Le voyageur : Peut-être t'abuses-tu, amie ? Jusqu'ici, dans mes opinions, on s'est plutôt avisé de l'ombre que de moi-même.

L'ombre : Plutôt de l'ombre que de la lumière ? Est-ce possible ?

Le voyageur : Sois sérieuse, chère folle ! Déjà ma première question veut du sérieux. –

1.

DE L'ARBRE DE LA SCIENCE. – Vraisemblance, mais point de vérité : apparence de liberté, mais point de liberté – c'est à cause de ces deux fruits que l'Arbre de la Science ne risque pas d'être confondu avec l'Arbre de Vie.

2.

LA RAISON DU MONDE. – Le monde *n'est pas* le *substratum* d'une raison éternelle, c'est ce que l'on peut prouver définitivement par le fait que cette *portion du monde* que nous connaissons – je veux dire notre raison humaine – n'est pas trop raisonnable. Et si *elle* n'est pas, en tous temps et complètement, sage et rationnelle, le reste du monde ne le sera pas non plus ; le raisonnement *a minori ad majus, a parte ad totum*, est applicable ici et avec une force décisive.

3.

« AU COMMENCEMENT ÉTAIT. » ([1]) – Exalter les origines – c'est la *surpousse* métaphysique qui se refait jour dans la conception de l'histoire et fait penser absolument qu'*au commencement* de toutes choses se trouve ce qu'il y a de plus précieux et de plus essentiel.

4.

MESURE DE LA VALEUR DE LA VÉRITÉ. – Pour la hauteur des montagnes la peine qu'on prend à les gravir n'est nullement une unité de mesure. Et dans la science il en serait autrement ! – nous disent quelques-uns qui veulent passer pour initiés – la peine que coûte une vérité déciderait justement de la valeur de cette vérité ! Cette morale absurde part de l'idée que les « Vérités » ne sont proprement rien de plus que des appareils de gymnastique, où nous devrions bravement travailler jusqu'à la fatigue, – morale pour athlètes et gymnasiarques de l'esprit.

5.

LANGAGE ET RÉALITÉ. – Il y a un mépris hypocrite de toutes les choses qu'en fait les hommes regardent comme les plus importantes, *de toutes les choses prochaines*. On dit, par exemple : « On ne mange que pour vivre », – *mensonge* exécrable, comme celui qui parle de la procréation des enfants comme du dessein propre de toute volupté. Au rebours, la grande estime des « choses importantes » n'est presque jamais entièrement vraie : quoique les prêtres et les métaphysiciens nous aient accoutumés en ces matières à un *langage* hypocritement exagéré, ils n'ont pas réussi à changer le sentiment qui n'attribue pas à ces choses importantes

---

[1] *Jean*, I, I – N. d. T.

autant d'importance qu'à ces choses prochaines méprisées. – Une fâcheuse conséquence de cette double hypocrisie n'en reste pas moins, qu'on ne fait pas des choses prochaines, par exemple du manger, de l'habitation, de l'habillement, des relations sociales l'objet d'une réflexion et réforme continuelle, libre de préjugés et *générale*, mais que, la chose passant pour dégradante, on en détourne son application intellectuelle et artistique : si bien que d'un côté l'accoutumance et la frivolité remportent sur l'élément inconsidéré, par exemple sur la jeunesse sans expérience, une victoire aisée, tandis que de l'autre nos continuelles infractions aux lois les plus simples du corps et de l'esprit nous mènent tous, jeunes et vieux, à une honteuse dépendance et servitude, – je veux dire à cette dépendance, au fond superflue, des médecins, professeurs et curateurs des âmes, dont la pression s'exerce toujours, maintenant encore, sur la société tout entière.

6.

L'imperfection terrestre et sa cause principale. – Quand on regarde autour de soi, on tombe sans cesse sur des hommes qui ont toute leur vie mangé des œufs sans remarquer que les plus allongés sont les plus friands, qui ne savent pas qu'un orage est profitable au ventre, que les parfums sont le plus odorants dans un air froid et clair, que notre sens du goût n'est pas le même dans toutes les parties de la bouche, que tout repas où l'on dit ou écoute de bonnes choses porte préjudice à l'estomac. On aura beau ne pas être satisfait de ces exemples du manque d'esprit d'observation : on n'en devra que plus avouer que les *choses les plus prochaines* sont, pour la plupart des gens, mal vues, et très rarement étudiées. Et cela est-il indifférent ? – Que l'on considère enfin que de ce manque dérivent *presque tous les vices corporels et moraux* des individus : ne pas savoir ce qui nous est nuisible dans l'arrangement de l'existence, la division de la journée, le temps et le choix des relations, dans les affaires et le loisir, le commandement et l'obéissance, les sensations de la nature et de l'art, le manger, le dormir et le réfléchir ; être ignorant *dans les choses les plus mesquines et les plus journalières* – c'est ce qui fait de la terre pour tant de gens un « champ de perdition ». Qu'on ne dise pas qu'il s'agit ici comme partout du *manque de raison* chez les hommes : au contraire – il y a de la raison assez et plus qu'assez, mais elle est menée *dans une direction fausse et artificiellement détournée* de ces choses mesquines et prochaines. Les prêtres, les professeurs, et la sublime ambition des idéalistes de toute espèce, de la grossière et de la fine, persuadent à l'enfant déjà qu'il s'agit de toute autre chose : du salut de l'âme, du service de l'État, du progrès de la science, ou bien de considération et de propriété, comme du moyen de rendre des services à l'humanité au lieu que les besoins de l'individu, ses nécessités grandes et petites, dans les vingt-quatre heures du jour, sont, dit-on, quelque chose de méprisable ou d'indifférent. – Socrate déjà se mettait de toutes ses forces en garde contre cette orgueilleuse négligence de l'humain au profit de l'homme, et aimait, par une citation d'Homère, à rappeler les limites et l'objet véritable de tout soin et de toute réflexion : « C'est, disait-il, et c'est seulement ce qui chez moi m'arrive en bien et en mal ».

7.

Deux modes de consolation. – Épicure, l'homme qui calma les âmes de l'antiquité finissante, eut cette vue admirable, si rare à rencontrer aujourd'hui encore, que, pour le repos de la conscience, la solution des problèmes théoriques derniers extrêmes n'est pas du tout nécessaire. Il lui suffisait ainsi de dire aux gens que tourmentait l' « inquiétude du divin » : « S'il y a des dieux, ils ne s'occupent pas de nous » – au lieu de disputer sans fruit et de loin sur ce problème dernier, de savoir si en somme il y a des dieux. Cette position est de beaucoup plus favorable et plus forte : on cède de quelques pas à l'autre et ainsi on le rend plus disposé à écouter et à réfléchir. Mais dès qu'il se met en devoir de démontrer le contraire – à savoir que les dieux s'occupent de nous – dans quels labyrinthes et dans quelles broussailles le malheureux doit s'égarer, de son propre fait, et non par la ruse de l'interlocuteur, qui doit seulement avoir assez d'humanité et de délicatesse, pour cacher la pitié que lui donne ce spectacle. A la fin, l'autre arrive au dégoût, l'argument le plus fort contre toute proposition, au dégoût de son opinion propre ; il se refroidit et s'en va avec la même disposition que le pur athée : « Que m'importent les dieux ! le diable les emporte ! » – En d'autres cas, particulièrement quand une hypothèse demi-physique, demi-morale avait assombri la conscience, il ne réfutait point cette hypothèse, mais il concédait que cela pouvait être : qu'il y avait seulement *une seconde hypothèse* pour expliquer le même phénomène ; que peut-être la chose pouvait se comporter encore autrement. *La pluralité* des hypothèses suffit encore en notre temps, par exemple à propos de l'origine des scrupules de conscience, pour ôter de l' âme cette ombre qui naît si facilement des raffinements sur une hypothèse unique, seule visible et par là cent fois trop prisée. – Qui souhaite donc de répandre la consolation à des infortunés, à des criminels, à des hypocondres, à des mourants, n'a qu'à se souvenir des deux artifices calmants d'Épicure, qui peuvent s'appliquer à beaucoup de problèmes. Sous leur forme la plus simple, ils s'exprimeraient à peu près en ces termes : premièrement, supposé qu'il en soit ainsi, cela ne nous importe en rien ; deuxièmement : il peut en être ainsi, mais il peut aussi en être autrement.

8.

Dans la nuit. – Dès que la nuit commence à tomber, notre impression sur les objets familiers se transforme. Il y a le vent, qui rôde comme par des chemins interdits, chuchotant, comme s'il cherchait quelque chose, fâché de ne pas le trouver. Il y a la lueur des lampes, avec ses troubles rayons rougeâtres, sa clarté lasse, luttant à contre-cœur contre la nuit, esclave impatiente de l'homme qui veille. Il y a la respiration du dormeur, son rythme inquiétant, sur lequel un souci toujours renaissant semble sonner une mélodie, – nous ne l'entendons pas, mais quand la poitrine du dormeur se soulève, nous nous sentons le cœur serré, et quand le souffle diminue, presque expirant dans un silence de mort, nous nous disons : « Repose un peu, pauvre esprit tourmenté ! » Nous souhaitons à tout vivant, puisqu'il vit dans une telle oppression, un repos éternel ; la nuit invite à la mort. – Si les hommes se passaient du soleil et menaient avec le clair de lune et l'huile le combat contre la nuit, quelle philosophie les envelopperait de ses voiles ! On n'observe déjà que trop dans l'être intellectuel et moral de l'homme, combien, par cette moitié de ténèbres et d'absence du soleil qui vient voiler la vie, il est en somme rendu sombre.

9.

Ou a pris naissance la théorie du libre arbitre. – Sur l'un, *la nécessité* plane sous la forme de ses passions, sur l'autre, l'habitude c'est d'écouter et d'obéir, sur le troisième la conscience logique, sur le quatrième le caprice et le plaisir fantasque à sauter les pages. Mais tous les quatre cherchent précisément leur *libre* arbitre là où chacun est le plus solidement enchaîné : c'est comme si le ver à soie mettait son libre arbitre à filer. D'où cela vient-il ? Évidemment de ce que chacun se tient le plus pour libre là où son *sentiment de vivre* est le plus fort, partant, comme j'ai dit, tantôt dans la passion, tantôt dans le devoir, tantôt dans la recherche scientifique, tantôt dans la fantaisie. Ce par quoi l'individu est fort, ce dans quoi il se sent animé de vie, il croit involontairement que cela doit être aussi l'élément de sa liberté : il met ensemble la dépendance et la torpeur, l'indépendance et le sentiment de vivre comme des couples inséparables. – En ce cas, une expérience que l'homme a faite sur le terrain politique et social est transportée à tort sur le terrain métaphysique transcendant : c'est là que l'homme fort est aussi l'homme libre, c'est là que le sentiment vivace de joie et de souffrance, la hauteur des espérances, la hardiesse du désir, la puissance de la haine sont l'apanage du souverain et de l'indépendant, tandis que le sujet, l'esclave, vit, opprimé et stupide. – La théorie du libre arbitre est une invention des classes *dirigeantes*.

10.

Ne pas sentir de nouvelles chaines. – Tant que nous ne nous *sentons* pas dépendre de quelque chose, nous nous tenons pour indépendants : conclusion erronée qui montre quel est l'orgueil et la soif de domination de l'homme. Car il admet ici qu'en toutes circonstances il doit remarquer et reconnaître sa dépendance, aussitôt qu'il la subit, par suite de l'idée préconçue qu'*à l'ordinaire* il vit dans l'indépendance et que, s'il vient à la perdre exceptionnellement, il sentira sur-le-champ un contraste d'impression. – Mais quoi ? si c'était le contraire qui fût vrai : qu'il vécût *toujours* dans une multiple dépendance, mais qu'il *se tînt* pour *libre* là où, par une longue accoutumance, il ne sent plus la pression des chaînes ? Seules les chaînes *nouvelles* le font souffrir encore : – « Libre arbitre » ne veut dire proprement autre chose que le fait de ne pas sentir de nouvelles chaînes.

11.

Le libre arbitre et l'isolation des faits. – L'observation inexacte qui nous est habituelle prend un groupe de phénomènes pour une unité et l'appelle un fait : entre lui et un autre fait, elle se représente un espace vide, elle *isole* chaque fait. Mais en réalité l'ensemble de notre activité et de notre connaissance n'est pas une série de faits et d'espaces intermédiaires vides, c'est un courant continu. Seulement la croyance au libre arbitre est justement incompatible avec la conception d'un courant continu, homogène, indivis, indivisible : elle suppose que *toute action particulière est isolée et indivisible* ; elle est une *atomistique* dans le domaine du vouloir et du savoir. – Tout de même que nous comprenons inexactement les caractères, nous en faisons autant des faits : nous parlons de caractères identiques, de faits identiques : *il n'existe ni l'un ni l'autre*. Mais enfin nous ne donnons d'éloge et de blâme que sous l'action de cette idée fausse qu'il y a des faits *identiques*, qu'il existe un ordre gradué de *genres*, de faits, lequel répond à un ordre gradué de valeur : ainsi nous *isolons* non seulement le fait particulier, mais aussi à leur tour les groupes de soi-disant faits identiques (actes de bonté, de méchanceté, de pitié, d'envie, etc.) – les uns et les autres par erreur. – Le mot et l'idée sont la cause la plus visible qui nous fait croire à cette isolation de groupes d'actions : nous ne nous en servons pas seulement pour *désigner* les choses, nous croyons originairement que par eux nous en saisissons *l'essence*. Les mots et les idées nous mènent maintenant encore à nous représenter constamment les choses comme plus simples qu'elles ne sont, séparées les unes des autres, indivisibles, ayant chacune une existence en soi et pour soi. Il y a, cachée dans le *langage*, une mythologie philosophique qui à chaque instant reparaît, quelques précautions qu'on prenne. La croyance au libre arbitre, c'est-à-dire la croyance aux faits *identiques* et aux faits *isolés*, – possède dans le langage un apôtre et un représentant perpétuel.

12.

Les erreurs fondamentales. – Pour que l'homme ressente un plaisir ou un déplaisir moral quelconque, il faut qu'il soit dominé par une de ces deux illusions : *ou bien* il croit à l'*identité* de certains faits, de certains sentiments : alors il a, par la comparaison d'états actuels avec des états antérieurs et par l'identification ou la différenciation de ces états (telle qu'elle a lieu dans tout souvenir) un plaisir ou un déplaisir moral ; *ou bien* il croit au *libre arbitre*, par exemple quand il pense : « Je n'aurais pas dû faire cela », « cela aurait pu finir autrement », et par là prend également du plaisir ou du déplaisir. Sans les erreurs qui agissent dans tout plaisir ou déplaisir moral, jamais il ne se serait produit une humanité – dont le sentiment fondamental est et restera que l'homme est l'être libre dans le monde de la nécessité, l'éternel *faiseur de miracles*, qu'il fasse le bien ou le mal, l'étonnante exception, le sur-animal, le quasi-Dieu, le sens de la création, celui qu'on ne peut supprimer par la pensée, le mot de l'énigme cosmique, le grand dominateur de la nature et son grand contempteur, l'être qui nomme *son* histoire l'*histoire universelle ! – Vanitas vanitatum homo.*

13.

Dire deux fois les choses. – Il est bon d'exprimer tout de suite une chose doublement et de lui donner un pied droit et un pied gauche. La vérité peut, il est vrai, se tenir sur un pied ; mais sur deux elle marchera et fera son chemin.

14.

L'homme comédien du monde. – Il faudrait des êtres plus spirituels que n'est l'homme, rien que pour goûter à fond l'humour qui réside en ce que l'homme se regarde comme la fin de tout l'univers, et que l'humanité déclare sérieusement ne pas se contenter de moins que de la perspective d'une mission universelle. Si un Dieu a créé le monde, il a créé l'homme pour être *le singe de Dieu*, comme un perpétuel sujet de gaîté dans ses éternités un peu trop longues. L'harmonie des sphères autour de la terre pourrait alors être les éclats de rire de tout le reste des créatures qui entourent l'homme. La *douleur* sert à cet immortel ennuyé à chatouiller son animal favori, pour prendre son plaisir à ses attitudes fièrement tragiques et aux explications de ses propres souffrances, surtout à l'invention intellectuelle de la plus vaine des créatures – étant l'inventeur de cet inventeur. Car celui qui imagina l'homme pour en rire avait plus d'esprit que lui, et aussi plus de plaisir à l'esprit. – Ici même où notre humanité veut enfin s'humilier volontairement, la vanité nous joue encore un tour, en nous faisant penser que nous autres hommes serions du moins *dans cette vanité* quelque chose d'incomparable et de miraculeux. Nous, uniques dans le monde ! ah ! c'est chose par trop invraisemblable ! les astronomes, qui voient parfois réellement un horizon éloigné de la terre, donnent à entendre que la goutte de *vie* dans le monde est sans importance pour le caractère total de l'immense océan du devenir et du périr, que des astres dont on ne sait pas le compte présentent des conditions analogues à celles de la terre pour la production de la vie, qu'ils sont donc très nombreux, – mais à la vérité une poignée à peine en comparaison de ceux en nombre infini qui n'ont jamais eu la première impulsion de la vie ou s'en sont depuis longtemps remis ; que la vie sur chacun de ces astres, rapportée à la durée de son existence, a été un moment, une étincelle, suivie de longs, longs laps de temps, – partant qu'elle n'est nullement le but et la fin dernière de leur existence. Peut-être la fourmi dans la forêt se figure-t-elle aussi qu'elle est le but et la fin de l'existence de la forêt, comme nous faisons lorsque, dans notre imagination, nous lions presque involontairement à la destruction de l'humanité la destruction de la terre : encore sommes-nous modestes quand nous nous en tenons là et que nous n'arrangeons pas, pour fêter les funérailles du dernier mortel, un crépuscule général du monde et des dieux. L'astronome même le plus affranchi de préjugés ne peut se représenter la terre sans vie autrement que comme la tombe illuminée et flottante de l'humanité.

15.

Modestie de l'homme. – Que peu de plaisir suffit à la plupart pour trouver la vie bonne, quelle modestie est celle de l'homme !

16.

Ou l'indifférence est nécessaire. – Rien ne serait plus absurde que de vouloir attendre ce que la science établira définitivement sur les choses premières et dernières, et jusque-là de penser à la manière *traditionnelle* (et surtout de croire ainsi !) – comme on l'a souvent conseillé. La tendance à ne vouloir posséder sur ces matières *que des certitudes* absolues est une *surpousse religieuse*, rien de mieux, – une forme déguisée et sceptique en apparence seulement du « besoin métaphysique », doublée de cette arrière-pensée, que longtemps encore on n'aura pas la vue de ces certitudes dernières et que jusque-là le « croyant » est en droit de ne pas se préoccuper de tout cet ordre de faits. Nous n'avons pas du tout *besoin* de ces certitudes autour de l'extrême horizon, pour vivre une vie humaine pleine et solide : tout aussi peu que la fourmi en a besoin pour être une bonne fourmi. Il nous faut bien plutôt tirer au clair d'où provient réellement l'importance fatale que nous avons si longtemps attribuée à ces choses, et pour cela nous avons besoin de l'*histoire* des sentiments moraux et religieux. Car c'est seulement sous l'influence de ces sentiments que ces problèmes culminants de la connaissance sont devenus pour nous si graves et si redoutables : on a introduit en contrebande dans les domaines les plus extérieurs, *vers lesquels* l'œil de l'esprit se dirige encore sans pénétrer *en eux*, des concepts comme ceux de faute et de peine (et même de peine éternelle !) : et cela avec d'autant moins de scrupules que ces domaines étaient plus obscurs pour nous. On a de toute antiquité imaginé témérairement là où l'on ne pouvait rien assurer, et l'on a persuadé sa descendance d'admettre ces imaginations pour chose sérieuse et vérité, usant comme dernier atout de cette proposition exécrable : que croire vaut plus que savoir. Or maintenant, ce qui est nécessaire vis-à-vis de ces choses dernières, ce n'est pas le savoir opposé à la croyance, mais l'*indifférence à l'égard de la croyance et du prétendu* savoir en ces matières ! – Toute autre chose doit nous tenir de plus près que ce qu'on nous a jusqu'ici prêché comme le plus important : je veux dire ces questions : Quelle est la fin de l'homme ? Quelle est sa destinée après la mort ? Comment se réconcilie-t-il avec Dieu ? et toutes les expressions possibles de ces *curiosa*. Aussi peu que ces questions des dogmatistes religieux, nous touchent celles des dogmatistes philosophes, qu'ils soient idéalistes ou matérialistes ou réalistes. Tous, tant qu'ils sont, s'occupent de nous pousser à une décision sur des matières où ni croyance ni savoir ne sont nécessaires ; même pour le plus épris de science il est plus avantageux qu'autour de tout ce qui est objet de recherche et accessible à la raison s'étende une fallacieuse ceinture de marais nébuleux, une bande d'impénétrable, d'éternellement flux et d'indéterminable. C'est précisément par la comparaison avec le règne de l'obscur, aux confins des terres du savoir, que le monde de la science, clair et prochain, tout prochain, *croît* sans cesse en valeur. – Il nous faut de nouveau devenir bon prochain des objets prochains ! et ne pas laisser, comme nous avons fait jusqu'ici, notre regard passer avec mépris au-dessus d'eux, pour se porter vers les nues et les esprits de la nuit. Dans des forêts et des cavernes, dans des terres marécageuses et sous des cieux couverts – c'est là que l'homme a trop longtemps vécu, vécu pauvrement aux divers degrés de civilisation des siècles entiers de siècles. Là il a *appris à mépriser* le présent et le prochain et la vie et lui-même – et nous, nous qui habitons les plaines plus lumineuses de la nature et de l'esprit, nous contractons encore, par héritage, en notre sang quelque chose de ce poison du mépris envers les choses prochaines.

17.

Explications profondes. – Celui qui a donné d'un passage d'auteur une *explication plus profonde* que n'en était la conception n'a pas expliqué son auteur, il l'a *obscurci*. Telle est la situation de nos métaphysiciens à l'égard du texte de la nature ; elle est même pire encore. Car pour apporter leurs explications profondes, ils commencent souvent par y conformer le texte : c'est-à-dire qu'ils le *corrompent*. Pour donner un exemple curieux de corruption du texte et d'obscurcissement de l'auteur rapportons ici les idées de Schopenhauer sur la grossesse des femmes. « L'indice de la persistance de vouloir-vivre dans le temps, dit-il, est le coït ; l'indice de la lueur de connaissance associée à ce vouloir, qui manifeste la possibilité de la délivrance, et cela au plus haut degré de clarté, est l'incarnation nouvelle du vouloir-vivre. Le signe de celle-ci est la grossesse, qui, par cette raison, s'avance franchement et librement, même fièrement, tandis que le coït se cache comme un criminel. » Il prétend que *toute femme*, si elle était surprise dans l'acte de génération, mourrait de honte, mais qu' « *elle met en vue sa grossesse, sans une trace de honte, même avec une sorte d'orgueil* ». Avant tout, cet état ne se laisse pas si facilement mettre en vue *plutôt* qu'il ne se met en vue lui-même, mais Schopenhauer, en ne relevant justement que la préméditation de cette mise en vue, se prépare son texte pour qu'il s'accorde à l' « explication » déjà préparée. Puis ce qu'il dit de la généralité du phénomène à expliquer n'est pas vrai : il parle de « toute femme » ; mais beaucoup, notamment les jeunes femmes, montrent souvent en cet état une pénible honte, même vis-à-vis de leurs plus proches parents ; et si des femmes d'un âge plus mûr, et de l'âge le plus mûr, surtout des femmes du bas peuple, trouvent, en effet, comme on le dit, quelque plaisir, à cet état, c'est qu'elles donnent à entendre par là qu'elles sont *encore* désirées des hommes. Qu'à leur aspect le voisin et la voisine ou un étranger qui passe dise ou pense : « est-il bien possible ? ». – Cette aumône est toujours acceptée volontiers par la vanité féminine dans sa bassesse intellectuelle. Au contraire, ce seraient, à conclure des propositions de Schopenhauer, les plus fines et les plus intelligentes des femmes qui se réjouissent le plus publiquement de leur état : c'est qu'elles ont la pleine perspective de mettre au monde un enfant miraculeux par l'intelligence, dans lequel « la volonté » se « nie » une fois de plus pour le bien général ; sottes femmes ! elles auraient au contraire toute raison de cacher leur grossesse avec plus de honte encore que tout ce qu'elles cachent. – On ne peut pas dire que ces choses soient tirées de la réalité. Mais en supposant que Schopenhauer ait eu, d'une façon générale, parfaitement raison de dire que les femme dans l'état de grossesse montrent plus de contentement d'elles-mêmes qu'elles n'en montrent d'ordinaire : il y aurait à portée de la main une explication plus proche que la sienne. On pourrait se représenter un gloussement de poule même *avant* la ponte de l'œuf, et ce gloussement voudrait dire : voyez ! voyez ! je vais pondre un œuf ! je vais pondre un œuf !

18.

Le diogène moderne. – Avant de chercher l'homme il faut avoir trouvé la lanterne. – Sera-ce nécessairement la lanterne du *cynique* ? –

19.

Immoralistes. – Il faut maintenant que les moralistes consentent à se laisser traiter d'immoralistes, parce qu'ils dissèquent la morale. Cependant celui qui veut disséquer est forcé de tuer : mais seulement pour que l'on puisse mieux connaître et juger, et aussi vivre mieux ; non point pour que le monde entier se mette à disséquer. Malheureusement les hommes s'imaginent encore que le moraliste doit être, par tous les actes de sa vie, un modèle que ses semblables doivent imiter : ils le confondent avec le prédicateur de la morale. Les moralistes d'autrefois ne disséquaient pas assez et prêchaient trop souvent : de là vient cette confusion et cette conséquence désagréable pour les moralistes d'aujourd'hui.

20.

Ne pas confondre. – Les moralistes qui traitent des sentiments grandioses, puissants et désintéressés, par exemple chez les héros de Plutarque, ou bien de l'état d'âme pur, illuminé, ardent chez les êtres vraiment bons, comme on traiterait un sévère problème de la connaissance et qui rechercheraient l'origine de ces sentiments et de ces états d'âme, en montrant ce qu'il y a de compliqué dans une apparente simplicité, en envisageant l'enchevêtrement des motifs, à quoi se mêle le fil ténu des illusions idéales et des sensations individuelles et collectives transmises de loin et lentement renforcées, – ces moralistes *diffèrent* le plus de ceux avec qui on les *confond* le plus souvent : les esprits mesquins qui ne croient pas du tout à ces sentiments et à ces états d'âme et qui pensent cacher leur propre misère derrière l'éclat de la grandeur et de la pureté. Les moralistes disent : « il y a là des problèmes », et les gens mesquins disent : « il y a là des imposteurs et des duperies » : ils *nient* donc tout simplement l'existence de ce que ceux-là s'appliquent à *expliquer*.

21.

L'homme, celui qui mesure. – Peut-être pourrait-on ramener toute l'origine de la moralité des hommes à l'énorme agitation intérieure qui saisit l'humanité primitive lorsqu'elle découvrit la mesure et l'évaluation, la balance et la pesée. (On sait que le mot « homme » signifie celui qui mesure, il a voulu se *dénommer* d'après sa plus grande découverte !) Ces notions nouvelles l'élevèrent dans des domaines que l'on ne saurait ni mesurer ni peser, qui primitivement ne semblaient pas aussi inaccessibles.

22.

Principe de l'équilibre. – Le brigand et l'homme puissant qui promet à une communauté qu'il la protégera contre le brigand sont probablement tous deux des êtres semblables, avec cette seule différence que le second parvient à son avantage d'une autre façon que le premier, c'est-à-dire par des contributions régulières que la communauté lui paye et non plus par des rançons de guerre. (Le même rapport existe entre le marchand et le pirate qui peuvent être longtemps un seul et même personnage : dès que l'une des fonctions ne leur paraît pas prudente ils exercent l'autre. Au fond, maintenant encore la morale du marchand n'est qu'une morale de pirate, *plus avisée* : il s'agit d'acheter à un prix aussi bas que possible – de ne dépenser au besoin que les frais d'entreprises – et de revendre aussi cher que possible.) Le point essentiel c'est que cet homme puissant promet de faire *équilibre* au brigand ; les faibles voient en cela la possibilité de vivre. Car il faut ou bien qu'ils se groupent eux-mêmes en une puissance *équivalente*, ou bien qu'ils se soumettent à un homme qui soit à même de contrebalancer cette puissance (leur soumission consiste à rendre des services). On donne généralement l'avantage à ce procédé, parce qu'il fait en somme échec à *deux* êtres dangereux, le premier par le second et le second par le point de vue de l'avantage : car le protecteur gagne à bien traiter ceux qui lui sont assujettis, pour qu'ils puissent non seulement se nourrir eux-mêmes, mais encore nourrir leur dominateur. Il se peut d'ailleurs qu'ils soient encore traités assez durement et assez cruellement : mais en comparaison de l'*anéantissement* complet qui jadis était toujours à craindre, les hommes éprouvent un grand soulagement. – La communauté est au début l'organisation des faibles pour *faire* équilibre aux puissances menaçantes. Une organisation en vue de la *supériorité* serait préférable si l'on devenait alors assez fort pour *anéantir* la puissance adverse : et lorsqu'il s'agit d'un seul destructeur puissant, c'est certainement ce que l'on *tentera*. Mais cet ennemi est peut-être le chef d'une lignée ou bien il possède un grand nombre d'adhérents, alors la destruction rapide et définitive sera peu probable et il faudra s'attendre à de longues *hostilités* qui apporteraient à la communauté l'état le moins désirable, parce que celle-ci perdrait ainsi le temps qui lui est nécessaire pour veiller régulièrement à son entretien et qu'elle verrait sans cesse menacé le produit de son travail. C'est pourquoi la communauté préfère mettre sa puissance de défense et d'attaque exactement à la hauteur où se trouve la puissance du voisin dangereux et lui donner à entendre que, ses armes valant dès lors les siennes, il n'y a pas de raison pour ne pas être bons amis. – L'*équilibre* est donc une notion très importante pour les anciens principes de justice et de morale ; l'équilibre est la base de la *justice*. Si, aux époques barbares, celle-ci dit « œil pour œil, dent pour dent », elle considère l'équilibre comme atteint et veut *conserver* cet équilibre au moyen de cette faculté de rendre la pareille : de telle sorte que, si l'un commet un délit au détriment de l'autre, l'autre ne pourra plus exercer sa vengeance avec une colère aveugle. Grâce à la *loi du talion* l'équilibre entre les puissances, qui avait été détruit, est *rétabli* : car un œil, un bras *de plus*, dans ces conditions primitives, c'est une somme de pouvoir, un poids *de plus*. – Dans l'enceinte de la communauté, où tous se considèrent comme égaux en valeur. Il y a pour réprimer les délits, c'est-à-dire contre la rupture du principe de l'équilibre, la *honte* et la *punition* : la honte, un poids institué contre le transgresseur qui s'est procuré des avantages par des empiétements et à qui la honte porte des préjudices qui suppriment et *contrebalancent* les avantages antérieurs. Il en est de même de la punition : celle-ci établit contre la prédominance que s'arroge tout criminel un contre-poids beaucoup plus grand, contre le coup de force la prison, contre le vol la restitution et l'amende. C'est ainsi que l'on fait *souvenir* au malfaiteur que par son acte il s'est exclu de la communauté, renonçant aux avantages moraux de celle-ci : la communauté le traite en inégal, en faible, qui se trouve en dehors d'elle : c'est pourquoi la punition est non seulement une vengeance, c'est quelque chose de *plus*, qui possède la *dureté de l'état primitif*, car c'est cet état qu'elle veut rappeler.

23.

Les partisans de la doctrine du libre-arbitre ont-ils le droit de punir ? – Les hommes qui, par, profession, jugent et punissent, cherchent à fixer dans chaque cas particulier si un criminel est responsable de son acte, s'il a *pu* se servir de sa raison, s'il a agi pour obéir à des *motifs* et non pas inconsciemment ou par contrainte. Si on le punit, c'est d'avoir préféré les mauvaises raisons aux bonnes raisons qu'il devait *connaître*. Lorsque cette connaissance fait défaut, conformément aux idées dominantes, l'homme n'est pas libre et pas responsable : à moins que son ignorance, par exemple son ignorance de la loi, ne soit la suite d'une négligence intentionnelle de sa part ; c'est donc autrefois déjà, lorsqu'il ne voulait pas apprendre ce qu'il devait, qu'il a préféré les mauvaises raisons aux bonnes et c'est maintenant qu'il pâtit des conséquences de son choix. Si, par contre, il ne s'est pas aperçu des meilleures raisons, par hébètement ou idiotie, on n'a pas l'habitude de le punir. On dit alors qu'il ne possédait pas le discernement nécessaire, qu'il a agi comme une bête. La négation intentionnelle de la meilleure raison, c'est là maintenant la condition que l'on exige pour qu'un criminel soit digne d'être puni. Mais comment quelqu'un peut-il être intentionnellement plus déraisonnable qu'il ne doit l'être ? Qu'est-ce qui le décidera, lorsque les plateaux de la balance sont chargés de bons et de mauvais motifs ? Ce ne sera ni l'erreur, ni l'aveuglement, ni une contrainte intérieure, ni une contrainte extérieure. (Il faut d'ailleurs considérer que ce que l'on appelle « contrainte extérieure » n'est pas autre chose que la contrainte intérieure de la crainte et de la douleur). Qu'est-ce alors ? serait-on en droit de demander. La *raison* ne doit pas être la cause qui fait agir, parce qu'elle ne saurait décider contre les meilleurs motifs. – C'est ici que l'on appelle en aide le « libre arbitre » : c'est le *bon plaisir* qui doit décider et faire intervenir un moment où nul motif n'agit, où l'action s'accomplit comme un *miracle*, sortant du néant. On punit cette prétendue *discrétion* dans un cas où nul bon plaisir ne devrait régner : la raison qui connaît la loi, l'interdiction et le commandement, n'aurait pas du laisser de choix, pense-t-on, et agir comme contrainte et puissance supérieure. Le criminel est donc puni, parce qu'il a agi sans raison, alors qu'il aurait dû agir conformément à des raisons. Mais *pourquoi* s'y est-il pris ainsi ? C'est précisément cela que l'on n'a plus le droit de *demander* : ce fut une action sans « pourquoi ? », sans motif, sans origine, quelque chose qui n'avait ni but ni raison. – Pourtant, conformément aux conditions de pénalité énoncées plus haut, on n'aurait pas non plus *le droit de punir une pareille action !* Aussi ne peut-on pas faire valoir cette façon de pénalité ; il en est comme si l'on n'avait pas fait quelque chose, connue si l'on avait omis de la faire, comme si l'on n'avait *pas* fait usage de la raison : car, à tous égards, l'omission s'est faite *sans intention !* et seules sont punissables les omissions intentionnelles de ce qui est ordonné. A vrai dire, le criminel a préféré les mauvaises raisons aux bonnes, mais *sans* motif et sans intention : s'il n'a pas fait usage de sa raison, ce n'était pas précisément *pour* ne pas en faire usage. L'hypothèse que l'on fait chez le criminel qui mérite d'être puni, l'hypothèse que c'est intentionnellement qu'il a renié sa raison, est justement supprimée si l'on admet le « libre arbitre ». Vous n'avez pas le droit de punir, vous qui êtes partisans de la doctrine du « libre arbitre », vos propres principes vous le défendent ! – Mais ces principes ne sont en somme pas autre chose qu'une très singulière mythologie des idées ; et la poule qui l'a couvée se trouvait loin de la réalité lorsqu'elle couvrait ses œufs.

24.

Pour juger le criminel et son juge. – Le criminel qui connaît tout l'enchaînement des circonstances ne considère pas, comme son juge et son censeur, que son acte est en dehors de l'ordre et de la compréhension : sa peine cependant lui est mesurée exactement selon le degré d'*étonnement* qui s'empare de ceux-ci, en voyant cette chose incompréhensible pour eux, l'acte du criminel. – Lorsque le défenseur d'un criminel connaît suffisamment le cas et sa genèse, les circonstances atténuantes qu'il présentera, les unes après les autres, finiront nécessairement par effacer toute la faute. Ou, pour l'exprimer plus exactement encore : le défenseur *atténuera* degré par degré cet *étonnement* qui veut condamner et attribuer la peine, il finira même par le supprimer complètement, en forçant tous les auditeurs honnêtes à s'avouer dans leur for intérieur : « Il lui fallut agir la façon dont il a agi ; en punissant, nous punirions l'éternelle fatalité. » Mesurer le degré de la peine selon le *degré de la connaissance* que l'on a ou *peut avoir* de l'histoire d'un crime, – n'est-ce pas contraire à toute équité ?

25.

L'échange et l'équité. – Un échange ne pourrait se faire d'une façon honnête et conforme au droit que si chacune des deux parties ne demandait que ce qui lui semble être la valeur de son objet, en estimant la peine de l'acquérir, la rareté, le temps employé, etc., sans oublier la valeur morale que l'on y attache. Dès qu'elle fixe le prix *par rapport au besoin de l'autre*, cela devient une façon plus subtile de brigandage et d'exaction. – Si l'objet de l'échange est de l'argent, il faut considérer qu'un *thaler* dans la main d'un riche héritier ou d'un manœuvre, d'un négociant ou d'un étudiant change complètement de valeur : chacun pourra en recevoir plus ou moins, selon qu'il aura fourni un travail plus ou moins grand pour l'acquérir, – c'est ainsi que ce serait équitable : mais, dans la réalité, on ne l'ignore pas, c'est absolument le contraire.

Dans le monde de la haute finance, le *thaler* d'un riche paresseux rapporte plus que celui du pauvre et du laborieux.

26.

LES CONDITIONS LÉGALES COMME MOYENS. − Le droit, reposant sur des traités entre égaux, persiste tant que la puissance de ceux qui se sont entendus demeure constante ; la raison a créé le droit pour mettre fin aux hostilités et aux *inutiles* dissipations entre forces égales. Mais cette raison de convenance cesse tout aussi définitivement quand l'un des deux partis est *devenu* sensiblement *plus faible* que l'autre : alors la soumission remplace le droit qui *cesse d'exister*, mais le succès est le même que celui que l'on atteignait jusqu'ici par le droit. Car, dès lors, c'est la *raison* de celui qui l'emporte qui conseille de *ménager* la force de l'assujetti et de ne pas la gaspiller inutilement : et souvent la condition de l'assujetti est plus favorable que celle où se trouvait l'égal. − Les conditions légales sont donc des *moyens* passagers que conseille la raison, ce ne sont pas des buts. −

27.

EXPLICATION DE LA JOIE MALIGNE. − La joie maligne que l'on éprouve en face du mal d'autrui provient du fait que chacun se sent mal en point sous bien des rapports, qu'il a, lui aussi, ses soucis, ses remords, ses douleurs et qu'il ne les ignore pas : le dommage qui touche l'autre fait de lui son *égal*, il réconcilie sa jalousie. − S'il a des raisons momentanées pour être heureux lui-même, il n'en accumule pas moins les malheurs du prochain, comme un capital dans sa mémoire, pour le faire valoir dès que sur lui aussi le malheur se met à fondre : c'est là également une façon d'avoir une « joie maligne » (« *Schadenfreude* »). Le sentiment de l'égalité veut donc appliquer sa mesure au domaine du bonheur et du hasard : la joie maligne est l'expression la plus vulgaire par quoi se manifestent la victoire et le rétablissement de l'égalité, même dans le domaine du monde supérieur. Ce n'est qu'à partir du moment où l'homme a appris à voir, dans les autres hommes, ses égaux, donc seulement depuis la fondation de la société, qu'existe la joie maligne.

28.

CE QU'IL Y A D'ARBITRAIRE DANS L'ATTRIBUTION DU CHATIMENT. − Chez la plupart des criminels, les punitions viennent comme les enfants viennent aux femmes. Ils ont fait dix et cent fois la même chose sans en ressentir de suites fâcheuses : mais soudain ils sont découverts et le châtiment suit de près. L'habitude devrait pourtant faire paraître excusable la faute pour laquelle on punit le coupable ; c'est un penchant formé peu à peu et il est difficile de lui résister. Au lieu de cela, lorsque l'on soupçonne le crime par habitude, le malfaiteur est puni plus sévèrement, l'habitude est donnée comme raison pour rejeter toute atténuation. Au contraire : une existence modèle qui fait ressortir le délit avec d'autant plus d'horreur, devrait augmenter le degré de culpabilité ! Mais pas du tout, elle atténue la peine. Ce n'est donc pas au crime que l'on applique les mesures, mais on évalue toujours le dommage causé à la société et le danger couru par celle-ci : l'utilité passée d'un homme lui est comptée parce qu'il ne s'est rendu nuisible qu'une seule fois, mais si l'on découvre dans son passé d'autres actes d'un caractère nuisible, on les additionne à l'acte présent pour infliger une peine d'autant plus grande. Mais si l'on punit, on récompense de la sorte le passé d'un homme (la punition minime n'est dans ce cas qu'une récompense), on devrait retourner encore plus loin en arrière et punir et récompenser ce qui fut la cause d'un pareil passé, je veux dire les parents, les éducateurs, la société elle-même, etc. : on trouvera alors que, dans beaucoup de cas, le *juge* participe, d'une façon ou d'une autre, à la culpabilité. Il est arbitraire de s'arrêter au criminel lorsque l'on punit le passé : on devrait s'en tenir à chaque cas particulier, lorsque l'on ne veut pas admettre que toute faute est absolument excusable, et ne point regarder en arrière : il s'agirait donc d'*isoler* la faute et de ne la rattacher en aucune façon à ce qui l'a précédée, – autrement ce serait pécher contre la logique. Tirez plutôt, vous qui êtes partisans du libre arbitre, la conclusion qui découle nécessairement de votre doctrine et décrétez bravement : « *nul acte n'a un passé* ».

29.

LA JALOUSIE ET SA SŒUR PLUS NOBLE. – Dès que l'égalité est véritablement reconnue et fondée d'une façon durable, naît un penchant qui passe en somme pour immoral et qui, à l'état primitif, serait à peine imaginable : *la jalousie*. L'envieux se rend compte de toute prééminence de son prochain au-dessus de la mesure commune et il veut l'y ramener – ou encore s'élever, lui, jusque-là : d'où il résulte deux façons d'agir différentes, qu'Hésiode a désignées du nom de bonne et de mauvaise Eris. De même, dans l'état d'égalité, naît l'indignation de voir qu'une personne qui se trouve à un niveau d'égalité différent a du malheur *moins* qu'elle n'en mériterait, tandis qu'une autre personne a du bonheur *plus* qu'elle n'est digne d'en avoir : ce sont là des émotions particulières aux natures *plus nobles*. Celles-ci cherchent en vain la justice et l'équité dans les choses qui sont indépendantes de la volonté des hommes : c'est-à-dire qu'elles exigent que cette égalité reconnue par l'homme soit aussi reconnue par la nature et le hasard, elles s'indignent que les égaux n'aient pas le même sort.

30.

JALOUSIE DES DIEUX. – La « jalousie des dieux » naît lorsque quelqu'un qui est estimé inférieur se met en parité avec quelqu'un de supérieur (tel Ajax), ou, lorsque par une faveur du destin cette mise en parité se fait d'elle-même (Niobé, mère trop heureuse). Dans l'ordre *social*, cette jalousie exige que personne n'ait de mérite *au-dessus* de sa situation, aussi que le bonheur soit conforme à celle-ci, et encore que la conscience de soi ne sorte pas des limites tracées par la condition. Souvent le général victorieux subit la « jalousie des dieux », et aussi le disciple lorsqu'il a créé une œuvre de maître.

31.

LA VANITÉ COMME SURPOUSSE D'UN ÉTAT ANTISOCIAL. – Les hommes ayant décrété qu'ils sont tous égaux, pour des raisons de sûreté personnelle, en vue de former une communauté, mais cette conception étant en somme contraire à la nature de chacun et apparaissant comme quelque chose de forcé, plus la sécurité générale est garantie, plus de nouvelles pousses du vieil instinct de prépondérance commencent à se montrer : dans la délimitation des castes, dans les prétentions aux dignités et aux avantages professionnels, et en général dans les affaires de vanité (manières, costume, langage, etc.) Mais, dès que l'on commence à prévoir quelque danger pour la communauté, le grand nombre qui n'a pas pu faire valoir sa prépondérance dans les périodes de tranquillité publique provoque de nouveau l'état d'égalité : les absurdes privilèges et vanités disparaissent pour quelque temps. Si cependant la communauté sociale s'effondre complètement, si l'anarchie devient universelle, l'état naturel éclatera de nouveau, l'inégalité insouciante et absolue, comme ce fut le cas dans l'île de Corcyre, d'après le rapport de Thucydide. Il n'y a ni justice naturelle ni injustice naturelle.

32.

L'équité. – L'équité est un développement de la justice qui naît parmi ceux qui ne pèchent pas contre l'égalité dans la commune : on l'applique à des cas où la loi ne prescrit rien, où intervient le sens subtil de l'équilibre qui prend en considération le passé et l'avenir et qui a pour maxime « ne fais pas aux autres ce que tu ne veux pas qu'on te fasse». *Aequum* veut dire précisément : « *c'est conforme à notre égalité* ; l'équité aplanit nos petites différences pour rétablir l'apparence d'égalité, et veut que nous nous pardonnions bien des choses que nous ne serions pas *forcés* de nous pardonner ».

33.

Éléments de la vengeance. – Le mot « vengeance » (*Rache*) est vite prononcé : il semble presque qu'il ne pourrait pas contenir plus qu'une seule racine d'idée et de sentiment. On s'applique donc toujours à trouver celle-ci, tout comme nos économistes ne se sont pas encore fatigués de flairer dans le mot « valeur » une pareille unité et de rechercher la racine fondamentale de l'idée de valeur. Comme si tous les mots n'étaient pas des poches où l'on a fourré tantôt ceci, tantôt cela, tantôt plusieurs choses à la fois. La « vengeance » est donc aussi tantôt ceci, tantôt cela, tantôt quelque chose de plus compliqué. Qu'on tâche donc de distinguer ce recul défensif que l'on effectue presque involontairement, comme si l'on était en face d'une machine en mouvement, même en face d'objets inanimés qui nous ont blessés : le sens qu'il faut prêter à ce mouvement contraire, c'est de faire cesser le danger en arrêtant la machine. Pour arriver à ce but, il faut parfois que la riposte soit si violente qu'elle détruit la machine ; mais quand celle-ci est trop solide pour pouvoir être détruite d'un seul coup, par un individu, celui-ci emploiera toute la force dont il est capable, pour asséner un coup vigoureux, – comme si c'était là une tentative suprême. On se comporte de même vis-à-vis des personnes qui vous blessent, sous l'empire immédiat du dommage causé. Que l'on veuille appeler cela un acte de vengeance, fort bien ; mais il ne faut pas oublier que c'est seulement *l'instinct de conservation* qui a mis en mouvement le rouage de sa raison, et qu'au fond l'on ne songe pas à celui qui cause le dommage, mais seulement à soi-même : nous agissons ainsi, *non pas* pour nuire de notre côté, mais seulement pour nous *en tirer* la vie sauve. – On use *du temps* pour passer, en imagination, de soi-même à son adversaire et pour se demander de quelle façon on pourra le toucher à l'endroit sensible. C'est le cas dans la seconde façon de vengeance : il faut envisager comme condition première la réflexion que l'on fait au sujet de la vulnérabilité et la faculté de souffrance de l'autre ; alors seulement on veut faire mal. Par contre celui qui se venge ne songe pas encore à se garantir d'un dommage futur, au point qu'il s'attire presque régulièrement un nouveau dommage, qu'il prévoit d'ailleurs souvent avec beaucoup de sang-froid. Si, à la première espèce de vengeance, c'était la peur du second coup qui rendait la riposte aussi vigoureuse que possible, nous sommes par contre maintenant en face d'une complète indifférence à l'égard de ce que l'adversaire *fera* encore ; la force de la riposte n'est déterminée que par ce que l'adversaire nous a *déjà* fait. Qu'a-t-il donc fait ? Et que nous importe qu'il souffre maintenant après que nous avons souffert par lui ? Il s'agit d'une *réparation* : tandis que l'acte de vengeance de la première espèce ne servait qu'à la *conservation de soi*. Peut-être notre adversaire nous a-t-il fait perdre notre fortune, notre rang, nos amis, nos enfants, – la vengeance ne rachète pas ces pertes, la réparation ne se rapporte qu'à une *perte accessoire* qui s'ajoute à toutes les pertes mentionnées. La vengeance de la réparation ne garde pas des dommages futurs, elle ne répare pas le dommage éprouvé, – sauf dans un seul cas. Lorsque notre *honneur* a souffert par les atteintes de l'adversaire, la vengeance est à même de le *rétablir*. Mais ce préjudice lui a été porté de toute façon, lorsque l'on nous a fait du mal intentionnellement : car l'adversaire à prouvé par là qu'il ne nous *craignait* point. Notre vengeance démontre que, nous aussi, nous ne le craignons point : c'est en cela qu'il y a compensation et réparation. (L'intention d'afficher l'absence complète de *crainte* va si loin, chez certaines personnes, que le danger que la vengeance pourrait leur faire courir à elles-mêmes – perte de la santé ou de la vie, ou autres dommages – est considéré par elles comme une condition essentielle de la vengeance. C'est pourquoi elles suivent le chemin du duel, bien que les tribunaux leur prêtent leur concours pour obtenir satisfaction de l'offense : cependant elles ne considèrent pas comme suffisante une réparation de leur honneur où il n'y aurait pas un danger, parce qu'une réparation sans danger ne saurait prouver qu'elles sont dépourvues de crainte.) – Dans la première espèce de vengeance c'est précisément la crainte qui effectue la riposte : ici, par contre, c'est l'absence de crainte qui veut *s'affirmer* par la riposte. – Rien ne semble donc plus différent que la motivation intime des deux façons d'agir désignées par le même terme de « vengeance » : et, malgré cela, il arrive très souvent que celui qui exerce la vengeance ne se rende pas exactement compte de ce qui l'a, en somme, poussé à l'action ; peut-être est-ce par crainte et par instinct de conservation qu'il a riposté, mais après coup, ayant le temps de réfléchir au point de vue de l'honneur blessé, il s'est persuadé à lui-même que c'est à cause de son honneur qu'il s'est vengé. – Ce motif est en tous les cas plus noble que le premier. Il y a encore un autre point de vue qui est important, c'est de savoir s'il considère son honneur comme endommagé aux yeux des autres (du monde) ou seulement aux yeux de l'offenseur : dans ce dernier cas il préférera la vengeance secrète, dans le premier la vengeance publique. Selon qu'en imagination il se verra fort ou faible, dans l'âme du délinquant et des spectateurs, sa vengeance sera plus exaspérée ou plus douce ; si ce genre d'imagination lui manque complètement il ne songera pas du tout à la vengeance, car alors il ne possédera pas le sentiment de l'honneur, et on ne saurait, par conséquent, offenser chez lui le sentiment. De même il ne songera pas à la vengeance, lorsqu'il *méprise* l'offenseur et le spectateur de l'offense : car, attendu qu'il les méprise, ceux-ci ne sauraient lui donner de l'honneur et, par conséquent, ne sauraient lui en prendre. Enfin, il renoncera encore à la vengeance, dans le cas, point extraordinaire, où il aimerait celui qui l'offense : peut-être aux yeux de celui-ci cette renonciation porte-t-elle préjudice à son honneur et il se rendra ainsi moins digne de l'affection en retour. Mais, renoncer à l'amour en retour, c'est là aussi un sacrifice que l'amour est prêt à porter, à condition qu'il ne soit pas *forcé de faire mal* à l'objet de son affection : ce serait là se faire mal à soi-même plus encore que ne lui fait mal ce sacrifice. Donc chacun se vengera, à moins qu'il ne soit dépourvu d'honneur, ou plein de mépris ou d'amour pour l'offenseur qui lui cause le dommage. Lorsqu'il s'adresse aux tribunaux, il veut aussi la vengeance en tant que particulier : mais, *de plus*, en tant que membre de la société qui raisonne et qui prévoit, il voudra la vengeance de la société sur quelqu'un qui ne la vénère pas. Ainsi, par la punition juridique, tant la doctrine privée que la doctrine sociale, sont *rétablies* : c'est-à-dire... la punition est une vengeance. – Il y a certainement aussi dans la punition cet autre élément de la haine décrit plus haut, en ce sens que, par la punition, la société sert à la *conservation de soi* et effectue la riposte pour sa légitime défense. La punition veut préserver d'un dommage *futur*, elle veut intimider. Donc, en réalité, dans la punition, les deux éléments si différents de la haine sont *associés*, et c'est peut-être ce qui contribue le plus à entretenir cette confusion d'idées grâce à quoi l'individu qui se venge ne *sait* généralement pas ce qu'il *veut*.

34.

Les vertus du préjudice. – En tant que membres de certains groupements sociaux, nous croyons ne pas avoir le droit d'exercer certaines vertus qui, en tant que particuliers, nous font le plus grand honneur et un plaisir sensible, par exemple la grâce et l'indulgence contre les égarés de toute espèce, – et, en général, toute façon d'agir où l'avantage de la société souffrirait par notre vertu. Aucun collège de juges n'a le droit de faire grâce devant sa conscience : c'est au souverain seul, *en tant qu'individu*, que l'on a réservé cette prérogative, et l'on se réjouit lorsqu'il en fait usage, pour bien prouver que l'on aimerait bien faire grâce, mais non point en tant que société. La société ne reconnaît donc que les vertus qui lui sont avantageuses ou qui du moins ne lui portent pas préjudice (celles qui peuvent être exercées sans dommage ou même en portant des intérêts, par exemple la justice). Ces vertus du préjudice ne peuvent donc pas être nées dans la *société*, vu que, maintenant encore, dans le sein de la moindre agglomération sociale qui se constitue, l'opposition s'élève contre elle. Ce sont donc là des vertus qui ont cours parmi les hommes qui ne sont pas égaux, des vertus inventées par l'individu qui se sent supérieur, des vertus propres au *dominateur* avec cette arrière-pensée : « Je suis assez puissant pour accepter un préjudice visible, c'est là une preuve de ma puissance. » – Par conséquent, une vertu voisine de la fierté.

35.

Casuistique de l'avantage. – Il n'y aurait pas de casuistique de la morale s'il n'y avait pas de casuistique de l'avantage. La raison la plus indépendante et la plus sagace ne suffit souvent pas pour choisir entre deux choses de façon à ce que le plus grand avantage ressorte du choix. Dans de pareils cas on choisit parce qu'il faut choisir, et l'on est pris après coup d'une espèce de mal de mer du sentiment.

36.

Devenir hypocrite. – Tous les mendiants deviennent des hypocrites comme tous ceux qui font leur profession d'une pénurie et d'une détresse (que ce soit une détresse personnelle ou une détresse publique). – Le mendiant est loin d'éprouver sa détresse avec autant d'intensité qu'il est obligé de la *faire* éprouver s'il veut vivre de mendicité.

37.

Une espèce de culte des passions. – Vous autres obscurantistes et sournois philosophiques, vous parlez, pour accuser la conformation de tout l'édifice du monde, du *caractère redoutable* des passions humaines. Comme si partout où il y a eu passion il y avait aussi terreur ! Comme si toujours en ce bas monde devait exister cette espèce de terreur ! – Par négligence dans les petites choses, par défaut d'observation de soi et d'observation de ceux qui doivent être éduqués, vous avez vous-même laissé grandir la passion jusqu'à ce qu'elle devienne un pareil monstre, au point que vous êtes déjà pris de crainte rien qu'à entendre prononcer le mot de passion ! Cela dépend de vous et cela dépend de nous d'*enlever* aux passions leur caractère redoutable, et de faire en sorte qu'on les empêche de devenir des torrents dévastateurs. – Il ne faut pas enfler sa méprise jusqu'à en faire la fatalité éternelle ; nous voulons, au contraire, travailler loyalement à la tâche de transformer en joies toutes les passions des hommes.

38.

Le remords. – Le remords est, comme la morsure d'un chien sur une pierre, une bêtise.

39.

Origine des privilèges. – Les privilèges remontent généralement à un *usage*, l'usage à une *convention* momentanément établie. Il vous arrive une fois ou l'autre d'être satisfait, des deux parts, des conséquences qui résultent d'une convention intervenue, et d'être aussi trop paresseux pour renouveller formellement cette convention ; on continue ainsi à vivre comme si celle-ci avait toujours été renouvelée, et peu à peu, lorsque l'oubli a jeté son voile sur l'origine, on croit posséder un édifice sacré et inébranlable, sur quoi chaque génération continue *forcément* à bâtir. L'usage est alors devenu une *contrainte*, lors même qu'il n'aurait plus l'utilité que l'on envisageait primitivement au moment où fut établie la convention. – Les *faibles* ont trouvé là de tous les temps leur solide rempart : ils penchent à *éterniser* la convention acceptée une fois, la grâce qu'on leur a faite.

40.

La signification de l'oubli dans le sentiment moral. – Les mêmes actions, inspirées d'abord dans la société primitive par *l'utilité* générale, ont été attribuées plus tard, par d'autres générations, à d'autres motifs : parce que l'on craignait et vénérait ceux qui exigeaient et recommandaient ces actes, ou par habitude parce que, dès son enfance, on les avait vu faire autour de soi, ou encore par bienveillance, parce que leur exercice amenait partout la joie et des visages approbateurs, ou enfin par vanité parce qu'ils étaient loués pour cela. De pareilles actions dont on a *oublié* le motif fondamental, celui de l'utilité, sont alors appelées morales : non peut-être parce qu'elles ont été faites par ces motifs *indifférents*, mais parce qu'elles n'ont *pas* été faites pour des raisons d'une utilité consciente. – D'où vient cette *haine* de l'utilité qui devient ici visible, alors que toute action louable, exclut littéralement de toute action en vue de l'utilité ? – Il est évident que la société, foyer de toute morale et de toutes les louanges en faveur des actes moraux, a eu à lutter trop longuement et trop durement avec l'intérêt particulier et l'entêtement de l'individu pour ne pas finir par considérer comme supérieur au point de vue moral, tout autre motif que l'utilité. C'est ainsi que naît l'apparence qui fait croire que la morale n'est pas sortie de l'utilité : alors qu'en réalité elle n'est pas autre chose au début que l'utilité publique qui a eu grand'peine à se faire valoir et à se faire prendre en considération contre toutes les utilités privées.

41.

La richesse morale par succession. – Il y a aussi une richesse par succession sur le domaine moral : elle est possédée par les gens doux, charitables, bienveillants, compatissants qui ont hérité de leurs ancêtres tous les bons *procédés*, mais non point la raison (qui en est la source). L'agrément de cette richesse, c'est qu'il faut la prodiguer sans cesse, si l'on veut en faire éprouver les bienfaits, et qu'elle travaille ainsi involontairement à réduire les distances entre la richesse et la pauvreté morales : ce qu'il y a de plus singulier et de plus excellent, c'est que ce rapprochement ne se fait point en faveur d'une moyenne future entre pauvre et riche, mais en faveur d'une richesse et d'une abondance *universelles*. – C'est de cette façon que l'on peut résumer à peu près l'opinion courante sur la richesse morale par succession. Mais il me semble que cette opinion est maintenue plutôt *in majorem gloriam* de la moralité qu'à l'honneur de la vérité. L'expérience du moins établit un axiome qui, s'il n'est pas une réfutation de cette généralité, peut du moins être considéré comme une restriction significative. Sans une raison choisie, dit l'expérience, sans la faculté du choix le plus subtil et une *forte disposition à la mesure*, ceux qui possèdent une richesse morale par succession deviennent des gaspilleurs de la moralité : en s'abandonnant sans retenue à leurs instincts de pitié, de charité, de bienveillance et de conciliation ils rendent tout le monde autour d'eux plus négligent, plus exigeant et plus sentimental. C'est pourquoi les enfants de pareils gaspilleurs très moraux sont facilement – et malheureusement au meilleur cas – des propres à rien, faibles et agréables.

42.

Le juge et les circonstances atténuantes. – « Il faut aussi être honnête envers le diable et payer ses dettes », se prit à dire un vieux soldat lorsqu'on lui eut raconté un peu en détails l'histoire de Faust. « Faust doit aller en enfer ! » – « Vous êtes terribles, vous autres hommes ! s'écria sa femme. Comment est-ce possible ? Il n'a pas fait autre chose que de manquer d'encre dans son encrier ! Certainement c'est un péché que d'écrire avec du sang, mais ce n'est pas assez pour condamner un aussi bel homme à subir les tortures de l'enfer ! »

43.

Problème du devoir de la vérité. – Le devoir est un sentiment impérieux qui pousse à l'action, un sentiment que nous appelons bon et que nous considérons comme indiscutable (– nous ne parlons pas et il ne nous plaît pas que l'on parle de ses origines, de ses limites et de sa justification). Mais le penseur considère toute chose comme le résultat d'une évolution et tout ce qui est « devenu » comme discutable ; il est, par conséquent, l'homme sans devoir – tant qu'il n'est que penseur. Comme tel il n'accepterait donc pas non plus le devoir de considérer et de dire la vérité et il n'éprouverait pas ce sentiment ; il se demanderait : d'où vient-elle ? où va-t-elle ? – mais ces questions elles-mêmes sont considérées par lui comme problématiques. Or n'en résulterait-il pas que la machine du penseur ne fonctionnerait plus bien, s'il pouvait vraiment se considérer comme *irresponsable*, dans la recherche de la connaissance ? En ce sens on pourrait dire que, pour *alimenter* la machine, il est besoin du même élément qui doit être examiné au moyen de celle-ci. – La formule pourrait peut-être se résumer ainsi : en admettant qu'il existe un devoir de reconnaître la vérité, quelle est alors la vérité par rapport à toute autre espèce de devoir ? – Mais un sentiment hypothétique du devoir n'est-il pas un non-sens ? –

44.

Degrés de la morale. – La morale est d'abord un moyen pour conserver la communauté, d'une façon générale, et pour la préserver de sa perte ; elle est, en second lieu, un moyen pour conserver la communauté à un certain niveau et pour lui garder certaines qualités. Les motifs de conservation sont la *crainte* et l'*espoir*, des motifs d'autant plus puissants et d'autant plus grossiers que le penchant vers les choses fausses, exclusives et personnelles est encore très vif. Il faut se servir ici des moyens d'intimidation les plus épouvantables, tant que des moyens plus bénins ne font aucun effet et tant que cette double manière de conservation ne se laisse pas atteindre autrement (un de ces moyens les plus violents c'est l'invention d'un au-delà avec un enfer éternel). On a besoin de tortures de l'âme et de bourreaux pour exécuter ces tortures. D'autres degrés de la morale, moyens pour arriver au but indiqué, sont représentés par les commandements d'un dieu (telle la loi mosaïque) ; d'autres encore, degrés supérieurs, par les commandements d'une idée du devoir absolu avec le fameux « tu dois ». – Ce sont là des degrés assez grossièrement taillés, mais des degrés *larges*, attendu que les hommes ne s'entendent pas encore à poser leur pied sur des degrés plus étroits et plus délicats. Vient ensuite une morale du *penchant*, du *goût*, et enfin celle de l'*intelligence* – qui est au-dessus de tous les motifs illusionnaires de la morale, mais qui s'est rendu compte que longtemps il n'a pas été possible à l'humanité d'en avoir d'autres.

45.

La morale de la compassion dans la bouche des immodérés. – Tous ceux qui ne se possèdent pas assez eux-mêmes et qui ne voient pas dans la moralité une constante domination de soi exercée sans cesse, en grand et en petit, deviennent involontairement les glorificateurs des impulsions de bonté, de compassion et de bienveillance, particulières à cette moralité instinctive qui ne possède point de tête, mais qui semble être composée seulement d'un cœur et de mains secourables. C'est même dans leur intérêt de mettre en suspicion une moralité de la raison et de vouloir donner une valeur universelle à cette autre moralité.

46.

Cloaques de l'ame. – L'âme elle aussi doit avoir ses cloaques particuliers où elle fait écouler ses immondices. Bien des choses peuvent servir à cela : des personnes, des relations, des classes sociales, peut-être la patrie, ou encore le monde, ou enfin pour les plus orgueilleux (je veux dire nos bons « pessimistes » modernes) – le bon Dieu.

47.

Une façon de repos et de contemplation. – Prends garde à ne pas faire ressembler ton repos et ta contemplation à ceux du chien devant l'étalage d'un boucher. La peur ne lui permet pas d'avancer, le désir l'empêche de reculer, et il ouvre de grands yeux qui ressemblent à une gueule béante.

48.

Une défense sans raison. – Une défense dont nous ne comprenons ou n'admettons pas les raisons est presque un ordre, non seulement pour l'esprit obstiné, mais encore pour celui qui a soif de connaissance : on tient à essayer pour apprendre ainsi pourquoi l'interdiction a été faite. Les défenses morales comme celles du Décalogue ne peuvent compter que durant les époques où la raison est assujettie. Maintenant une défense comme « tu ne tueras point », « tu ne commettras point adultère », présentée ainsi sans raison, attrait plutôt un effet nuisible qu'un effet utile.

49.

Caractéristioue. – Quel est l'homme qui peut dire de lui-même : « Il m'arrive très souvent de mépriser, mais je ne hais jamais. Chez chaque homme je trouve toujours quelque chose que l'on peut honorer et à cause de quoi je l'honore : ce que l'on appelle les qualités aimables m'attire peu. »

50.

Compassion et mépris. – Manifester de la compassion, c'est regardé comme un signe de mépris, car on a visiblement cessé d'être un objet de *crainte*, dès que l'on vous témoigne de la compassion. On est alors tombé au-dessous de l'équilibre, tandis qu'en réalité ce niveau ne surfit point à la vanité humaine et que seule la prépondérance et la crainte que l'on inspire procurent à l'âme le sentiment le plus désiré. C'est pourquoi il faut se poser le problème de savoir comment est née l'évaluation de la pitié et comment il faut expliquer les *louanges* que l'on prodigue maintenant au désintéressement : dans l'état primitif on méprise le désintéressement ou l'on en craint les embûches.

51.

SAVOIR ÊTRE PETIT. – Près des fleurs, des herbes et des papillons il faut savoir s'abaisser à la hauteur d'un enfant qui les dépasse à peine. Mais nous autres gens âgés, nous avons grandi au-dessus de ces choses et il nous faut nous courber jusqu'à elles ; je crois que les herbes nous haïssent lorsque nous avouons l'amour que nous avons pour elles. – Celui qui veut prendre part à toutes les bonnes choses doit aussi s'entendre à avoir des heures où il est petit.

52.

L'IMAGE DE LA CONSCIENCE. – L'image de notre conscience est la seule chose qui, pendant les années de notre jeunesse, nous a été *demandée* régulièrement et sans raison, par des personnes que nous vénérions et craignions. C'est donc de la conscience que vient ce sentiment d'obligation (« il faut que je fasse telle chose, que je ne fasse pas telle autre ») qui ne demande pas *pourquoi* il faut qu'il en soit ainsi. – Dans tous les cas où une chose est faite avec « pourquoi » et « parce que », l'homme agit *sans* conscience ; mais ce n'est pas encore une raison pour qu'il agisse contre sa conscience. – La foi en l'autorité est la source de la conscience : celle-ci n'est donc pas la voix de Dieu dans la poitrine de l'homme, mais la voix de quelques hommes dans l'homme.

53.

LES PASSIONS SURMONTÉS. – L'homme qui a surmonté ses passions est entré en possession du sol le plus fécond : de même que le colon qui s'est rendu maître des forêts et des marécages. *Semer* sur le terrain des passions vaincues la semence des bonnes œuvres spirituelles, c'est alors la tâche la plus urgente et la plus prochaine. Surmonter n'est là qu'un *moyen*, ce n'est pas un but ; si l'on envisage autrement cette victoire, toutes sortes de mauvaises herbes et de diableries se mettent à foisonner sur le sol fécond mis ainsi en friche, et bientôt tout cela se met à pousser et à se pousser avec plus d'impétuosité encore que précédemment.

54.

L'HABILETÉ A SERVIR. – Tous les gens que l'on appelle pratiques ont une habileté particulière à servir : c'est cela précisément qui les rend pratiques, soit pour les autres, soit pour eux-mêmes. Robinson possédait un serviteur meilleur encore que Vendredi : c'était Crusoé.

55.

DANGER DU LANGAGE POUR LA LIBERTÉ INTELLECTUELLE. – Toute parole est un préjugé.

56.

ESPRIT ET ENNUI. – Le proverbe : « Le Magyar est bien trop paresseux pour s'ennuyer » donne à réfléchir. Ce ne sont que les animaux les mieux organisés et les plus actifs qui commencent à être capables d'ennui. – Quel beau sujet pour un grand poète que l'*ennui de Dieu* au septième jour de la création.

57.

Les rapports avec les animaux. – On peut observer la formation de la morale dans la façon dont nous nous comportons vis-à-vis des animaux. Lorsque l'utilité et le dommage n'entrent *pas* en jeu nous éprouvons un sentiment de complète irresponsabilité ; nous tuons et nous blessons par exemple des insectes ou bien nous les laissons vivre sans généralement y songer le moins du monde. Nous avons la main si lourde que nos gentillesses à l'égard des fleurs et des petits animaux sont presque toujours meurtrières : ce qui ne gène nullement le plaisir que nous y prenons. – C'est aujourd'hui la fête des petits animaux, le jour le plus accablant de l'année : voyez comme tout cela grouille et rampe autour de nous, et, sans le faire exprès, mais aussi sans y prendre garde, nous écrasons tantôt par ici, tantôt par là un petit ver ou un petit insecte empenné. – Quand les animaux nous portent préjudice nous aspirons par tous les moyens à leur *destruction*. Et ces moyens sont souvent bien cruels, sans que ce soit là notre intention : c'est la cruauté de l'irréflexion. Si, par contre, ils sont utiles, nous les *exploitons* : jusqu'à ce qu'une raison plus subtile nous enseigne que chez certains animaux nous pouvons tirer bénéfice d'un autre traitement, c'est-à-dire des soins et de l'élevage. C'est alors seulement que naît la responsabilité. A l'égard des animaux on évite les traitements barbares ; un homme se révolte lorsqu'il voit quelqu'un se montrer impitoyable envers sa vache, en conformité absolue avec la morale de la communauté primitive qui voit l'utilité *générale* en danger dès qu'un individu commet une faute. Celui qui, dans la communauté, s'aperçoit d'un délit craint pour lui le dommage indirect : et nous craignons pour la qualité de la viande, la culture de la terre, les moyens de communication lorsque nous voyons maltraiter les animaux. De plus, celui qui est brutal envers les animaux éveille le soupçon qu'il est également brutal vis-à-vis des faibles, des hommes inférieurs et incapables de vengeance ; il passe pour manquer de noblesse et de fierté délicate. C'est ainsi que se forme un commencement de jugement et de sens moral : la superstition y ajoute la meilleure part. Certains animaux incitent l'homme par des regards, des sons et des attitudes à se voir transporté en imagination dans le corps de ceux-ci, et certaines religions enseignent à voir parfois dans l'animal le séjour des âmes des hommes et des dieux : c'est pourquoi elles recommandent de nobles précautions et même une crainte respectueuse dans les rapports avec les animaux. Lors même que cette superstition aurait disparu, les sentiments éveillés par elle continuent leurs effets, mûrissent et portent leurs fruits. On sait qu'à ce point de vue le christianisme a montré qu'il était une religion pauvre et rétrograde.

58.

Nouveaux acteurs. – Il n'y a pas de plus grande banalité parmi les hommes que la mort ; au second rang arrive la naissance, parce que sans naître on peut pourtant mourir ; et ensuite le mariage. Mais toutes ces petites tragi-comédies qui se jouent, à chacune de leurs représentations, infiniment nombreuses, sont toujours interprétées par de nouveaux acteurs et ne cessent par conséquent point d'avoir des spectateurs intéressés : alors qu'il faudrait plutôt croire que tous les spectateurs de cette vallée terrestre en auraient déjà conçu un tel ennui qu'ils se seraient pendus à tous les arbres. Ce sont les nouveaux acteurs qui importent et si peu la pièce !

59.

Qu'est-ce « être obstiné » ? – Le chemin le plus court n'est pas le plus droit, mais celui sur lequel le vent le plus favorable gonfle notre voile : c'est ce qu'enseignent les règles de la navigation. Ne pas leur obéir, c'est être obstiné : la fermeté de caractère est ici troublée par la bêtise.

60.

Le mot « vanité ». – Il est fâcheux que certains mots, dont nous autres moralistes nous ne pouvons absolument pas nous passer, portent déjà en eux une sorte de censure des meurs, datant de l'époque où les impulsions les plus simples et les plus naturelles de l'homme ont été dénaturées. C'est ainsi que la conviction fondamentale que, sur les vagues de la société, nous naviguons ou faisons naufrage bien plus par ce que nous paraissons que par ce que nous sommes – une conviction qui doit nous servir de gouvernail pour tout ce que nous entreprenons dans la société – est désignée et stigmatisée par le mot de « vanité » ; une des choses les plus lourdes et les plus conséquentes désignée par une expression qui la fait apparaître comme ce qu'il y a de plus vide et de plus futile, quelque chose de grand à quoi l'on prête les traits d'une caricature. Mais cela ne sert de rien, nous sommes forcés d'employer de pareils termes, en fermant nos oreilles aux insinuations des anciennes habitudes.

61.

Fatalisme turc. – Le fatalisme turc a ce défaut fondamental qu'il place l'un en face de l'autre l'homme et la fatalité, comme deux choses absolument distinctes : l'homme, disent-ils, peut résister à la fatalité et chercher à la mettre à néant, mais elle finit toujours par remporter la victoire ; c'est pourquoi ce qu'il y a de plus raisonnable, c'est de se résigner ou de vivre à sa guise. En réalité chaque homme est lui-même une parcelle de la fatalité ; s'il croit s'opposer à la fatalité de la façon indiquée, c'est que, là aussi, la fatalité s'accomplit : la lutte n'est qu'imaginaire, mais imaginaire aussi cette résignation au destin, de sorte que toutes ces chimères sont encloses dans la fatalité. – La crainte dont la plupart des gens sont pris devant la doctrine de la volonté non affranchie est en somme la crainte du fatalisme turc ; ils pensent que l'homme deviendra faible et résigné, qu'il joindra les mains devant l'avenir, parce qu'il n'est pas à même d'y changer quelque chose : ou bien encore il lâchera les guides à son humeur capricieuse, parce que celle-ci ne pourra rien aggraver à ce qui est déterminé d'avance. Les folies de l'homme font partie de la fatalité tout aussi bien que ses actes de haute sagesse : cette peur de la croyance en la fatalité est, elle aussi, de la fatalité. Toi-même, pauvre être craintif, tu es l'invincible Moire qui trône au-dessus de tous les dieux ; pour tout ce qui est de l'avenir tu es la bénédiction ou la malédiction et, en tous les cas, l'entrave qui maintient l'homme même le plus fort ; en toi tout l'avenir du monde humain est déterminé d'avance, cela ne sert de rien d'être pris de terreur devant toi-même.

62.

Avocat du diable. – « On ne devient *sage* que par le malheur, on ne devient *bon* que par le malheur des autres » – c'est ainsi que parle cette philosophie singulière qui fait découler toute morale de la compassion et toute intellectualité de l'isolement des hommes : par là elle intercède inconsciemment pour toutes les dégradations terrestres. Car la pitié a besoin de la souffrance et l'isolement du mépris des autres.

63.

Les masques de caractère moraux. – Aux époques où les masques de caractère particuliers aux différentes classes passent pour définitivement fixés, de même que les classes elles-mêmes, les moralistes seront induits à considérer aussi comme absolus les masques de caractère *moraux* et à les dessiner en conséquence. C'est ainsi que Molière est intelligible comme contemporain de la société de Louis XIV ; dans notre époque de transitions et d'états intermédiaires il apparaîtrait comme un pédant génial.

64.

La vertu la plus noble. – Dans la première phase de l'humanité supérieure, la bravoure est considérée comme la vertu la plus noble, dans la seconde la justice, dans la troisième la modération, dans la quatrième la sagesse. Dans quelle phase vivons-*nous* ? Dans laquelle vis-*tu* ?

65.

Ce qui est d'abord nécessaire. – Un homme qui ne veut pas se rendre maître de sa colère, de ses accès de haine et de vengeance, de sa luxure et qui malgré cela aspire à devenir maître en quoi que ce soit est aussi bête que l'agriculteur qui place son champ sur les bords d'un torrent sans se garantir contre celui-ci.

66.

Qu'est-ce que la vérité ? – Schwarzert (Mélanchton) ([1]) : On proclame souvent sa foi lorsque l'on vient précisément de la perdre et qu'on la cherche dans toutes les rues, – et ce n'est pas alors qu'on la proclame le moins bien ! – Luther : Tu dis vrai aujourd'hui, mon frère, et tu parles comme si tu étais un ange ! – Schwarzert : Mais c'est bien là l'idée de tes ennemis, et ils en font l'application sur toi. – Luther : C'est donc un mensonge engendré par le diable !

67.

Habitudes des contrastes. – L'observation superficielle et inexacte voit des contrastes dans la nature (par exemple l'opposition entre « chaud » et « froid »), partout où il n'y a pas de contrastes, mais seulement des différences de degrés. Cette mauvaise habitude nous a poussés à vouloir aussi comprendre et séparer d'après ces contrastes, la nature intérieure, le monde moral et intellectuel. Le sentiment humain s'est chargé d'infiniment de douleurs, d'empiétements, de duretés, d'aliénations, de refroidissements par le fait que l'on croyait voir des contrastes où il n'y a que des transitions.

68.

Si l'on peut pardonner. – Comment pourrait-on leur pardonner s'ils ne savent pas ce qu'ils font ! Il n'y a alors rien du tout à pardonner. – Mais un homme *sait*-il jamais *complètement* ce qu'il finit ? Et si son action reste au moins toujours *problématique*, les hommes n'auraient jamais rien à se pardonner et faire grâce deviendrait pour l'homme raisonnable une chose impossible. En fin de compte, si les criminels avaient vraiment su ce qu'ils ont fait – nous n'aurions encore

---

[1] Schwarzert était le nom véritable de Mélanchton. – N. d. T.

le droit de *pardonner* que si nous avions un droit d'accuser et de punir. Mais ce droit nous ne l'avons pas.

69.

Honte habituelle. – Pourquoi éprouvons-nous de la honte lorsque l'on nous attribue une faveur et une distinction que, selon l'expression courante, « nous n'avons pas méritées ». Il nous semble alors que l'on nous pousse dans un domaine où nous ne sommes pas à notre place, d'où nous devrions être exclus, en quelque sorte dans un lieu saint ou très saint que notre pas ne devrait pas franchir. Par une erreur des autres nous y avons pénétré quand même : et maintenant nous sommes subjugués, soit par la crainte, soit par la vénération, et nous ne savons pas si nous devons fuir ou jouir du moment béni et de l'avantage qui nous est donné en grâce. Dans toute honte il y a un mystère qui est profané par nous ou qui semble être en danger d'être profané ; toute *grâce* engendre la honte. – Mais si l'on considère que, d'une façon générale, nous n'avons jamais rien « mérité », pour le cas où l'on s'abandonnerait a cette idée dans le cercle des conceptions *chrétiennes*, le sentiment de *honte* deviendrait *habituel* : parce qu'alors Dieu semblerait bénir *sans cesse* et exercer sa grâce. Mais, abstraction faite de cette interprétation chrétienne, cet état de *honte habituelle* serait encore possible pour le sage, totalement impie, qui soutient la foncière irresponsabilité et l'absence de mérite dans toute action et dans toute organisation : si on le traite comme s'il avait mérité telle ou telle chose, il semble être introduit dans un ordre supérieur d'êtres qui d'une façon générale *méritent* quelque chose, qui sont libres et vraiment capables de porter la responsabilité de leur vouloir et de leur pouvoir. Celui qui dit à ce sage : « tu l'as mérité » semble l'apostropher ainsi : « tu n'es pas un homme, mais un Dieu ».

70.

L'éducateur le plus maladroit. – Chez celui-ci toutes les vertus véritables sont plantées sur le terrain de son esprit de contradiction ; chez celui-là sur son incapacité de dire non, donc sur son esprit d'approbation ; un troisième a fait grandir toute sa moralité sur sa fierté solitaire, un quatrième la sienne sur son instinct violent de sociabilité. En admettant dès lors que, par des éducateurs maladroits et par des hasards néfastes, les graines de la vertu n'aient pas été semées, chez tous les quatre, sur le sol de leur nature, ce sol, chez eux le plus riche et le plus fécond, ils seraient devenus des hommes sans moralité, faibles et désagréables. Et quel eût précisément été le plus maladroit de tous les éducateurs et le mauvais destin de ces quatre hommes ? Le fanatique moral qui croit que le bien ne peut sortir que du bien, ne peut croître que sur le bien.

71.

L'écriture de la prévoyance. – A : mais si *tous* ils savaient cela, ce serait nuisible pour *la plupart* d'entre eux. Toi-même, tu appelles ces opinions dangereuses pour celui qui est en danger et cependant tu en fais part publiquement ? – B : J'écris de façon à ce que ni la populace, ni les *populi*, ni les partis de tous genres n'aient envie de me lire. Par conséquent ces opinions ne seront jamais publiques. – A : Mais comment écris-tu donc ? – B : Ni d'une façon utile, ni d'une façon agréable, pour les trois dénommés plus haut.

72.

Missionnaires divins. – Socrate, lui aussi, se considérait comme un missionnaire divin : mais je ne sais trop quelle velléité d'ironie attique et de plaisir à la plaisanterie se fait encore sentir chez lui, velléité par quoi s'atténue ce terme fatal et prétentieux. Il en parle sans onction : ses images du frein et du cheval sont simples et n'ont rien de sacerdotal, et la véritable tâche religieuse, telle qu'il se l'est posée – mettre le dieu *à l'épreuve* de cent façons pour savoir s'il a dit la vérité – permet de conclure à une attitude débonnaire et libre que prend le missionnaire pour se placer aux côtés de son dieu. Cette façon de mettre le dieu à l'épreuve est un des plus subtils compromis que l'on puisse imaginer entre la piété et la liberté d'esprit. – Maintenant nous n'avons plus non plus besoin de ce compromis.

73.

Loyauté dans la peinture. – Raphaël, qui tenait beaucoup à l'Eglise (pour peu qu'elle pût payer) et fort peu, comme d'ailleurs les meilleurs de son temps, aux objet de la foi chrétienne, Raphaël n'a pas fait un pas pour suivre la piété exigeante et extatique de certains de ses clients : il a gardé sa loyauté, même dans ce tableau exceptionnel qui fut primitivement destiné à une bannière de procession, la madone de la chapelle Sixtine. Là il lui vint à l'idée de peindre une vision : mais une vision, telle que de nobles jeunes hommes sans « foi » peuvent en avoir *aussi* et en auront certainement, la vision de l'épouse de l'avenir, d'une femme intelligente, d'âme noble, silencieuse et très belle qui porte son nouveau-né dans ses bras. Que les anciens qui sont habitués aux prières et aux adorations, pareils au digne vieillard de gauche, vénèrent ici quelque chose de surhumain : nous autres jeunes – ainsi semble nous le dire Raphaël – nous voulons tenir pour la jolie fille de droite qui, de son regard provoquant et nullement dévot, s'adresse aux spectateurs du tableau comme pour leur insinuer : « N'est-ce pas ? cette mère et son enfant, c'est un spectacle plein d'agrément et d'invite ? » Ce visage et ce regard jettent un reflet de joie sur la figure de ceux qui les regardent ; c'est une façon de jouir de soi-même pour l'artiste qui a inventé tout cela, et il ajoute sa propre joie à la joie de ceux qui jouissent de son art. – Pour l'expression « messianique » dans la tête d'un enfant, Raphaël, l'homme loyal qui ne voulait pas peindre les états d'âme à l'existence desquels il ne croyait pas, s'entendit à circonvenir d'une façon aimable ses admirateurs croyants ; il peignit ce jeu de la nature qui n'est point rare, l'œil de l'homme sur la tête de l'enfant, cet œil de l'homme brave et secourable qui s'aperçoit d'une misère. Pour des yeux pareils il faut une barbe ; l'absence de celle-ci et la réunion de deux âges différents qui s'expriment dans un même visage, voilà le paradoxe agréable que les croyants ont interprété dans le sens de la croyance au miracle : mais l'artiste attendait cela de leur art d'interprétation et de substitution.

74.

La prière. – A deux conditions seulement, la prière – cette coutume de temps reculés qui n'est pas encore entièrement éteinte – peut avoir un sens : il faudrait d'abord qu'il fût possible de déterminer ou de changer le sentiment de la divinité, et ensuite que celui qui prie sache bien ce qui lui manque, ce qui, pour lui, serait vraiment désirable. Ces deux conditions, acceptées et transmises par toutes les autres religions, ont précisément été niées par le christianisme ; si, malgré cela, le christianisme a conservé la prière, parallèlement à la foi en une raison omnisciente et prévoyante de Dieu, par quoi en somme la prière perd sa portée et devient même blasphématoire, – il montre par là, encore une fois, l'admirable ruse de serpent dont il disposait. Car un commandement clair « tu ne prieras point » aurait poussé les chrétiens par ennui à l'impiété. Dans l'axiome chrétien « *ora et labora* », l'*ora* remplace le *plaisir* : et que seraient devenus sans l'*ora* ces malheureux qui se refusaient le *labora*, les saints ! – Mais s'entretenir avec Dieu, lui demander mille choses agréables, s'amuser un peu soi-même en s'apercevant que l'on pouvait encore avoir des désirs, malgré un père aussi parfait, – c'était là pour des saints une excellente invention.

75.

UN SAINT MENSONGE. – Le mensonge qu'eut sur les lèvres Arrie mourante (*Pœte, non dolet*) obscurcit toutes les vérités qui ont jamais été dites par des mourants. C'est le seul saint *mensonge* qui soit devenu célèbre ; tandis que d'autre part l'odeur de sainteté ne s'était attachée qu'à des *erreurs*.

76.

L'APÔTRE LE PLUS NÉCESSAIRE. – Parmi douze apôtres, il faut toujours qu'il y en ait un qui soit dur comme de la pierre, pour que la nouvelle église puisse s'édifier sur lui.

77.

QU'EST-CE QUI EST PLUS PÉRISSABLE, L'ESPRIT OU LE CORPS ? – Dans les choses juridiques, morales et religieuses, ce qu'il y a de plus extérieur, de plus concret, donc l'usage, l'attitude, la cérémonie, a le plus de durée : c'est le *corps* à quoi s'ajoute toujours une *âme* nouvelle. Le culte, tel un texte aux termes fixes, est sans cesse interprété à nouveau ; les idées et les sentiments sont ce qu'il y a de flottant, les mœurs ce qu'il y a de dur.

78.

LA FOI EN LA MALADIE, UNE MALADIE. – Le christianisme a été le premier à peindre le diable sur l'édifice du monde ; le christianisme a été le premier à introduire le péché dans le monde. La foi en les remèdes qu'il offrait en retour a été ébranlée peu à peu, jusqu'en ses racines les plus profondes : mais toujours persiste la *foi en la maladie* qu'il a enseignée et répandue.

79.

PAROLE ET ÉCRITURE DES HOMMES RELIGIEUX. – Si le style et l'expression générale du prêtre, de celui qui parle comme de celui qui écrit, n'annoncent pas déjà l'homme *religieux*, il est inutile de prendre au sérieux les opinions de celui-ci sur la religion et en faveur de la religion. Ces opinions ont été *sans force* pour celui qui les professe, si, comme son style le laisse deviner, il possède l'ironie, la prétention, la méchanceté, la haine et toutes les tergiversations dans l'état d'esprit qui sont le propre des hommes les moins religieux, – combien plus elles seront sans force pour celui qui les entendra ou les lira ! En un mot, il servira à rendre ses auditeurs moins religieux.

80.

DANGER DANS LA PERSONNE. – Plus Dieu a été considéré comme une personne à part, moins on lui a été fidèle. Les hommes s'attachent plus aux images de leur pensée qu'à ce qu'ils ont de plus cher parmi leurs bien-aimés : c'est pourquoi ils se sacrifient pour l'Etat, l'Eglise, et aussi pour Dieu, – en tant que celui-ci demeure *leur* produit, leur *pensée* et qu'on ne le prend pas d'une façon trop personnelle. Dans ce dernier cas ils se disputent presque toujours avec lui : le plus pieux d'entre eux a laissé échapper cette parole amère : « Mon Dieu, pourquoi m'as-tu abandonné ! »

81.

LA JUSTICE TERRESTRE. – Il est possible de faire sortir de ses gonds la justice terrestre – avec la doctrine de l'irresponsabilité absolue et de l'innocence de chacun : et l'on a déjà fait une tentative dans ce sens, – justement en vertu de la doctrine contraire, celle de la complète responsabilité et de la culpabilité de chacun. Ce fut le fondateur du christianisme qui voulut supprimer la justice terrestre et extirper du monde le jugement et la punition. Car il interprétait toute culpabilité comme un « péché », c'est-à-dire comme une faute envers *Dieu*, et non point comme une faute envers le monde ; d'autre part il considérait chacun dans la plus large mesure et presque sous tous les rapports comme un pécheur. Les coupables cependant ne doivent pas être les juges de leurs semblables : c'est ainsi que décidait son esprit d'équité. *Tous* les juges de la justice terrestre étaient donc, à ses yeux, aussi coupables que ceux qu'ils condamnaient, et leur air d'innocence lui semblait hypocrite et pharisien. De plus, il regardait aux motifs des actions et non au succès, et pour juger ces motifs il y avait quelqu'un qui possédait la perspicacité nécessaire : lui-même (ou, comme il s'exprimait : Dieu).

82.

UNE AFFECTATION EN PRENANT CONGÉ. – Celui qui veut se séparer d'un parti ou d'une religion s'imagine qu'il est nécessaire pour lui de le réfuter. Mais c'est là une prétention orgueilleuse. Il est seulement nécessaire qu'il connaisse exactement les attaches qui le retenaient jusqu'à présent à ce parti ou à cette religion, attaches qui maintenant n'existent plus, des intentions qui le poussaient dans cette voie et qui maintenant le poussent ailleurs. Ce n'est point pour les *raisons sévères de la connaissance* que nous nous sommes mis du côté de tel parti ou de telle religion : nous ne devrions pas, en en prenant congé, *affecter* cette attitude.

83.

SAUVEUR ET MÉDECIN. – Le fondateur du christianisme, en tant que connaisseur de l'âme humaine, n'était pas, comme il va de soi, à l'abri des plus graves défauts et des plus grands préjugés, et, en tant que médecin de l'âme, il s'était adonné à une science décriée et grossière, celle de la médecine universelle. Il fait songer parfois, dans sa méthode, à ce dentiste qui veut guérir toutes les douleurs en arrachant la dent ; c'est le cas, par exemple, quand il lutte contre la sensualité avec le conseil : « Si ton œil te scandalise, arrache-le. » – Mais il y a pourtant une différence : le dentiste atteint du moins son but, supprimer la douleur de son malade, bien que ce soit d'une manière si grossière qu'il en devient ridicule : tandis que le chrétien qui obéit à de semblables conseils et qui croit avoir tué sa sensualité, se trompe : car celle-ci continue à vivre d'une façon mystérieuse et vampirique et elle le tourmente sous des déguisements répugnants.

84.

LES PRISONNIERS. – Un matin les prisonniers sortirent dans la cour du travail : le gardien était absent. Les uns se rendirent immédiatement au travail, comme c'était leur habitude, les autres restaient inactifs et jetaient autour d'eux des regards de défi. Alors l'un d'eux sortit des rangs et dit à voix haute : « Travaillez tant que vous voudrez ou ne faites rien, c'est tout à fait indifférent. Vos secrètes machinations ont été percées à jour, le gardien de la prison vous a surpris et va prochainement prononcer sur vos têtes un jugement terrible. Vous le connaissez, il est dur et rancunier. Mais écoutez ce que je vais vous dire : vous m'avez méconnu jusqu'ici, je ne suis pas ce que je parais être. Bien plus, je suis le fils du gardien de la prison et je puis tout sur lui. Je puis vous sauver, je veux vous sauver. Mais, bien entendu, je ne sauverai que ceux d'entre vous qui *croient* que je suis le fils du gardien de la prison. Que les autres recueillent les fruits de leur incrédulité. » – « Eh bien ! dit après un moment de silence un des plus âgés parmi les prisonniers, quelle importance cela a-t-il pour toi que nous ayons foi en toi ou non ? Si tu es vraiment le fils et si tu peux faire ce que tu dis, intercède en notre faveur par une bonne parole, tu feras là véritablement une bonne œuvre. Mais laisse ces discours à propos de foi et d'incrédulité ! » – « Je n'en crois rien, interrompit l'un des jeunes gens. Il s'est fourré des idées dans la tête. Je parie que dans huit jours nous serons encore ici, exactement comme aujourd'hui, et que le gardien de la prison ne sait *rien*. » – « Et si vraiment il a su quelque chose, il ne sait plus rien maintenant, s'écria le dernier des prisonniers qui venait de descendre dans la cour, car le gardien de la prison vient de mourir subitement ». – « Holà ! s'écrièrent plusieurs prisonniers en même temps, holà ! Monsieur le fils, monsieur le fils ! où est l'héritage ? Sommes-nous peut-être maintenant tes prisonniers à toi ? » – « Je vous l'ai dit, répondit doucement celui que l'on apostrophait, je laisserai libre chacun de ceux qui ont foi en moi, je l'affirme avec autant de certitude que j'affirme que mon père est encore vivant. » – Les prisonniers ne rirent point, mais ils haussèrent les épaules et le laissèrent là.

85.

Le persécuteur de Dieu. – Saint Paul a formulé l'idée et Calvin l'a développée : de toute éternité la damnation est adjugée à un nombre incalculable d'hommes, et ce merveilleux plan universel a été élaboré ainsi pour que la gloire de Dieu puisse s'y manifester : le ciel et l'enfer et l'humanité devraient donc exister – pour satisfaire la vanité de Dieu ! Quelle vanité cruelle et insatiable a dû flamber dans l'âme de celui qui a été le premier, ou le second, à imaginer cela ! – Paul est donc malgré tout resté Saul, – le *persécuteur de Dieu*.

86.

Socrate. – Si tout va bien il viendra un temps, où, pour progresser dans la voie de la morale et de la raison, plutôt que la Bible, on prendra entre les mains les *Dits mémorables de Socrate* et où l'on considérera Montaigne et Horace comme des initiateurs et des guides pour l'intelligence de ce sage médiateur, le plus simple et le plus impérissable de tous, Socrate. En lui convergent les voies des différentes règles philosophiques, qui sont en somme les règles des différents tempéraments, fixées par la raison et l'habitude, toutes ayant le sommet tourné vers la joie de vivre et la joie que l'on prend à son propre moi ; d'où l'on voudrait conclure que ce que Socrate a eu de plus particulier ce fut sa participation à tous les tempéraments. – Socrate est supérieur au fondateur du christianisme par sa joyeuse façon d'être sérieux et par cette *sagesse pleine d'enjouement* qui est le plus bel état d'âme de l'homme. De plus sa raison était supérieure.

87.

Apprendre a bien écrire. – Le temps où l'on parlait bien est passé, parce que l'époque de la civilisation des villes n'est plus. La dernière limite qu'Aristote traçait à une grande ville – le héraut devait pouvoir se faire entendre devant tous les citoyens assemblés, – cette limite nous est indifférente, de même que les communes urbaines, car nous voulons nous rendre intelligibles même au delà des peuples. C'est pourquoi chacun de ceux qui ont de bonnes idées européennes doit apprendre à *écrire bien et de mieux en mieux* : cela ne sert de rien qu'il soit né même en Allemagne, en Allemagne où l'on considère que c'est un privilège national de mal écrire. Mais mieux écrire signifie en même temps penser mieux ; découvrir des choses qui sont de plus en plus dignes d'être communiquées et savoir vraiment les communiquer ; être traduisible dans la langue des voisins ; se rendre accessible à la compréhension de ces étrangers qui apprennent notre langue ; faire en sorte que tout ce qui est bien devienne universel et que tout devienne libre pour les hommes libres ; *préparer* enfin cet état de choses encore lointain où les bons Européens s'attelleront à leur tâche grandiose : la direction et la surveillance de la civilisation universelle sur la terre. – Celui qui prêche le contraire et qui ne se préoccupe pas de bien écrire et de bien lire – ces deux vertus grandissent et diminuent en même temps – celui-là indique en effet aux peuples la voie qui les fera devenir de plus en plus *nationaux* : il augmente la maladie de ce siècle et s'oppose en ennemi aux bons Européens, aux esprits libres.

88.

L'école du meilleur style. – L'école du style peut être, *d'une part*, l'école qui enseigne à trouver l'expression grâce à quoi l'on peut transporter tous les états d'âme sur les lecteurs et les auditeurs ; ensuite l'école qui enseigne à découvrir l'état d'âme que l'on *désire* le plus chez l'homme, dont on voudrait par conséquent la transmission : je veux dire l'état d'âme où se trouve l'homme profondément ému, l'homme d'esprit joyeux, lucide et droit qui a surmonté les passions. Ce sera là l'école du meilleur style : il correspond à l'homme bon.

89.

Prendre garde a l'allure. – L'allure des phrases indique si l'auteur est fatigué ; chaque expression peut encore séparément être forte et bonne, parce qu'elle fut trouvée autrefois : alors que l'idée prit naissance chez l'auteur. Il en est très souvent ainsi chez Gœthe qui dicta trop souvent lorsqu'il était fatigué.

90.

Déja et encore. – A : La prose allemande est encore très jeune : Gœthe croit que c'est Wieland qui fut son père. – B : Si jeune et déjà si laide ! – C : Mais, si je suis bien informé, l'évêque Ulphilas écrivit déjà en prose allemande ; elle a donc déjà près de quinze cents ans. – B : Si vieille et encore si laide !

91.

Allemand original. – La prose allemande, ne s'étant pas formée selon un modèle, peut être considérée comme une production originale du goût allemand, et pourrait servir d'indication aux zélés promoteurs d'une culture originale allemande dans l'avenir, pour leur apprendre, par exemple, quel aspect aurait, sans imitation de modèles, un véritable costume allemand, une société allemande, une installation d'appartement allemande, un dîner allemand. – Quelqu'un qui avait longtemps réfléchi à ces perspectives finit par s'écrier plein de terreur : « Mais, au nom du ciel ! peut-être *possédons*-nous déjà cette culture originale, – on n'aime seulement pas à en parler ! »

92.

Livres interdits. – Ne jamais rien lire de ce qu'écrivent ces arrogants polymathes et esprits brouillons qui possèdent le plus horrible travers, celui du paradoxe logique : ils emploient les formes *logiques* justement aux endroits où tout est impertinemment improvisé et échafaudé dans le néant. (« Donc » veut dire chez eux « imbécile de lecteur, pour toi il n'y a pas de « donc », – mais seulement pour moi » – à quoi il faut répondre : « imbécile d'écrivain, pourquoi écris-tu donc ? »)

93.

Montrer de l'esprit. – Chacun de ceux qui veulent *montrer* de l'esprit laisse entendre qu'il est aussi richement pourvu du contraire. Ce travers de certains Français spirituels, qui consiste à ajouter à leurs meilleures saillies un trait de *dédain*, a son origine dans le désir de se faire passer pour plus riches qu'ils ne sont : ils veulent prodiguer avec nonchalance, fatigués en quelque sorte des continuelles offrandes, puisées dans les greniers trop pleins.

94.

Littérature allemande et française. – Le malheur des littératures allemandes et françaises, des cent dernières années, vient de ce que les Allemands sont sortis trop tôt de l'école des Français – tandis que plus tard les Français sont allés trop tôt à l'école des Allemands.

95.

Notre prose. – Aucun des peuples civilisés actuels n'a une aussi mauvaise prose que le peuple allemand ; et, si des Français spirituels et délicats disent : il n'y a pas de prose allemande, il ne faudrait en somme pas s'en formaliser, vu que cela est dit avec des intentions plus aimables que nous ne le méritons. Si l'on cherche une raison à cela on finit par faire la découverte étrange que l'*Allemand ne connaît que la prose improvisée* et qu'il ne se doute pas qu'il en existe une autre. Il trouve presque incompréhensible qu'un Italien puisse dire que la prose est plus difficile que le vers, dans la même mesure où la représentation de la beauté nue est plus difficile, pour le sculpteur, que celle de la beauté vêtue. Le vers, le tableau, le rythme et la rime demandent un effort honnête – c'est ce que l'Allemand comprend lui aussi, et il n'est pas tenté d'attribuer à l'improvisation une valeur particulièrement supérieure. Mais travailler à une page de prose comme à une statue ? – Il a l'impression d'entendre raconter quelque chose qui se passe dans un pays fabuleux.

96.

Le grand style. – Le grand style naît lorsque le beau remporte la victoire sur l'énorme.

97.

Éviter. – On ne sait pas en quoi consiste, chez les esprits distingués, la délicatesse de l'expression et du tour de phrase, avant de pouvoir dire sur quel mot tout écrivain médiocre serait tombé inévitablement, s'il avait voulu exprimer la même chose. Tous les grands artistes s'entendent à éviter, à se faufiler en conduisant leur char, – mais ils ne vont jamais jusqu'à verser.

98.

Quelque chose comme du pain. – Le pain neutralise le goût des autres aliments, il l'efface ; c'est pourquoi il fait partie de tous les repas. Dans toutes les œuvres d'art il faut qu'il y ait quelque chose comme du pain, pour que celles-ci puissent réunir des effets différents : des effets qui, s'ils se succédaient immédiatement sans un de ces repos et arrêts momentanés, épuiseraient rapidement et provoqueraient de la répugnance : ce qui rendrait un *long* repas de l'art impossible.

99.

Jean paul. – Jean Paul savait beaucoup de choses, mais ne possédait pas de science ; il s'entendait à toutes sortes d'artifices dans les arts, mais il ne possédait pas d'art ; il n'y avait à peu près rien qu'il trouvât insipide, mais il n'avait pas de goût ; il possédait du sentiment et du sérieux, mais lorsqu'il voulait y faire goûter, il versait là-dessus un insupportable torrent de larmes ; il avait même de l'esprit, mais malheureusement beaucoup trop peu pour son avidité : c'est pourquoi il poussait ses lecteurs au désespoir justement par son manque d'esprit. En somme il n'était pas autre chose qu'une mauvaise herbe bariolée et d'une odeur violente qui se mettait à pousser d'un jour à l'autre dans les sillons féconds et précieux de Schiller et de Gœthe : c'était un bonhomme convenable et pourtant un homme fatal – la fatalité en robe de chambre.

100.

Savoir aussi gouter le contraste. – Pour goûter une œuvre du passé comme la sentaient les contemporains de celle-ci, il faut avoir sur la langue le goût qui régnait alors, un goût dont elle se différenciait.

101.

Auteurs a l'esprit de vin. – Certains écrivains ne sont ni esprit ni vin, mais esprit de vin : ils peuvent s'enflammer et donnent de la chaleur.

102.

Le sens médiateur. – Le sens du goût qui est le véritable sens médiateur a souvent décidé les autres sens à partager ses opinions sur les choses et leur a inspiré ses lois et ses habitudes. On peut s'éclairer à table sur les plus subtils secrets des arts : il suffit d'observer ce qui a du goût, à quel moment on sent ce goût, quel goût cela est et si on le sent longtemps.

103.

Lessing. – Lessing possède une vertu vraiment française, et en tant qu'écrivain, c'est aussi lui qui s'est le plus appliqué à suivre les modèles français : il s'entend à bien étaler et ordonner ses denrées intellectuelles dans la montre. Sans cet *art* véritable, ses pensées, tout comme l'objet de ses pensées, seraient demeurées passablement dans l'ombre et sans que le dommage général soit bien grand. Mais il y a eu beaucoup de gens qui ont pris des leçons dans son *art* (surtout les dernières générations de savants allemands) et un grand nombre y a pris plaisir. – Il était inutile, cependant, que ceux qui ont profité de Lessing lui empruntassent, comme cela est arrivé si souvent, ce ton désagréable dans son mélange de combativité et de bravoure honnête. – On est maintenant d'accord sur le « poète lyrique » Lessing : on finira par le devenir sur le « dramaturge ». –

104.

Lecteurs que l'on ne désire pas. – Combien un auteur est tourmenté par ces braves gens à l'âme épaisse et maladroite qui, chaque fois qu'ils se heurtent quelque part, ne manquent pas de tomber et de se faire mal.

105.

Idées de poètes. – Les idées véritables chez les vrais poètes sont toujours voilées, comme les Egyptiennes : seul l'*œil* profond de la pensée regarde librement par-dessus le voile. – Les idées de poètes ne valent pas autant, en moyenne, qu'elles en ont l'air : c'est qu'il faut payer aussi le voile et sa propre curiosité.

106.

Ecrivez simplement et utilement. – Les transitions, les détails, la variété des couleurs dans les passions – tout cela nous en faisons grâce à l'auteur, parce que nous l'apportons avec nous et que nous l'en faisons profiter, pour peu qu'il nous dédommage de quelque façon que ce soit.

107.

Wieland. – Wieland a écrit l'allemand mieux que n'importe qui, et, dans la perfection et l'imperfection, il y a gardé sa maîtrise (sa traduction des lettres de Cicéron et celle de Lucien sont les meilleures traductions allemandes) ; mais ses idées ne nous donnent plus à réfléchir. Nous supportons ses moralités joyeuses tout aussi peu que ses joyeuses immoralités : toutes deux sont inséparables. Les hommes qui y prenaient plaisir étaient certainement, au fond, des hommes meilleurs que nous, – mais ils étaient aussi passablement plus lourds, ce qui fait qu'ils eurent *besoin* d'un pareil écrivain. *Gœthe* n'était pas nécessaire aux Allemands, c'est pourquoi ils ne savent pas qu'en faire. Etudiez à ce point de vue les meilleurs parmi nos hommes d'Etat et nos artistes : tous, ils n'ont pas eu Gœthe comme éducateur, – ils ne *pouvaient* pas l'avoir comme tel.

108.

Fêtes rares. – De la concision solide, du calme et de la maturité, – quand tu trouveras ces qualités réunies chez un auteur, arrête-toi et célèbre une grande fête au milieu du désert : il se passera du temps avant que tu n'éprouves de nouveau un aussi grand plaisir.

109.

Le trésor de la prose allemande. – Si l'on fait abstraction des *Œuvres* de Gœthe et surtout des *Entretiens* de Gœthe avec Eckermann, le meilleur livre allemand qu'il y ait : que reste-t-il en somme de la littérature allemande en prose qui méritât d'être relu sans cesse ? Les *Aphorismes* de Lichtenberg, le premier livre de l'*Histoire de ma vie* de Jung-Stilling, l'*Arrière-Saison* d'Adalbert Stifter et les *Gens de Sildwyla* de Gottfried Keller, – et avec cela nous sommes provisoirement au bout du rouleau.

110.

Style écrit et style parlé. – L'art d'écrire demande avant tout des *équivalents* pour les moyens d'expression qui sont seuls à la portée de celui qui parle : donc pour les gestes, l'accent, le ton, le regard. C'est pourquoi le style écrit est tout autre chose que le style parlé et quelque chose de bien plus difficile : – il veut, avec des moyens moindres, se rendre aussi expressif que celui-ci. Démosthène tint ses discours autrement que nous ne les lisons : il les a refaits pour qu'ils puissent être lus. – Dans le même but, les discours de Cicéron devraient d'abord être démosthénisés : maintenant on y trouve encore beaucoup plus de vestiges du *forum* romain que le lecteur ne peut en supporter.

111.

Citer avec prudence. – Les jeunes auteurs ne savent pas que les bonnes expressions et les bonnes idées ne se présentent bien que parmi leurs semblables et qu'une excellente citation peut anéantir des pages entières et même tout un livre, lorsque l'on avertit le lecteur en ayant l'air de lui dire : « Prends garde, je suis la pierre précieuse et autour de moi il y a du plomb, du plomb gris et misérable. » Chaque mot, chaque pensée ne veut vivre que dans *sa société* : ceci est la morale du style choisi.

112.

Comment doit-on dire les erreurs ? – On peut discuter pour savoir s'il est plus nuisible de mal exprimer les erreurs, ou de les exprimer aussi bien que les meilleures vérités. Il est certain que dans le premier cas elles nuisent au cerveau d'une double manière et qu'il est plus difficile de les en extirper ; mais il est certain qu'elles agissent avec moins de certitude que dans le second cas : elles sont moins contagieuses.

113.

Restreindre et agrandir. – Homère a réduit et amoindri l'étendue du sujet, mais il a amplifié et fait sortir d'elles-mêmes les différentes scènes – et c'est ainsi que, plus tard, procédèrent toujours à nouveau les poètes tragiques : chacun saisit le sujet dans des fragments encore plus *petits* que son prédécesseur, mais chacun aboutit à une floraison plus riche encore, dans les limites strictes de ces paisibles haies de jardin.

114.

La littérature et la morale s'expliquent. – On peut montrer, à l'exemple de la littérature grecque, quelles sont les forces qui font s'épanouir l'esprit grec, comment il entra dans différentes voies et ce qui finit par le rendre faible. Tout cela donne une image de ce qui s'est en somme passé avec la moralité grecque et de ce qui se passera avec toute autre morale : comment elle commença par être une contrainte, montrant d'abord de la dureté, puis devenant peu à peu plus douce, comment se forma enfin le plaisir que procurent certaines actions, certaines conventions et certaines formes, et, sortant de là, encore un penchant à l'exercice exclusif et la possession unique de celles-ci : comment la voie s'emplit et se comble de compétiteurs, comment arrive la satiété, comment on recherche de nouveaux objets de lutte et d'ambition, comment on en éveille d'anciens à la vie, comment le spectacle se répète, comment les spectateurs se fatiguent du spectacle, parce que dès lors tout le cercle semble être parcouru –

et alors survient un repos, un arrêt dans la respiration : les rivières se perdent dans le sable. C'est la fin, ou du moins *une* fin.

115.

Quelles sont les contrées qui réjouissent d'une façon durable. – Cette contrée possède des traits significatifs pour un tableau, mais je ne puis saisir la formule pour l'exprimer ; comme ensemble elle est insaisissable pour moi. Je remarque que tous les paysages qui me plaisent d'une façon durable contiennent, sous leur diversité, une simple figure de lignes géométriques. Sans un pareil substratum mathématique, aucune contrée ne devient pour l'œil un régal artistique. Et peut-être cette règle permet-elle une application symbolique à l'homme.

116.

Lire a haute voix. – Pour faire la lecture il faut savoir *déclamer* : on doit partout appliquer des couleurs pâles, mais il faut déterminer le degré de pâleur conformément à un tableau fondamental aux couleurs pleines et profondes qui toujours flotte devant vos yeux et vous dirige, c'est-à-dire d'après la façon dont on *déclamerait* les mêmes passages : il faut donc être à même de le faire.

117

Le sens dramatique. – Celui qui ne possède pas les quatre sens de l'art cherche à comprendre toute chose avec le cinquième sens, qui est le plus grossier : c'est le sens dramatique.

118.

Herder. – Herder est loin d'être ce qu'il voulait faire croire qu'il était (et ce qu'il désirait croire lui-même) ; il n'est pas un grand penseur et un grand inventeur, il n'est pas un terrain nouveau et fécond avec une puissance vierge et inutilisée. Mais il possédait au plus haut degré le flair de ce qui allait venir, il voyait et cueillait les primeurs des saisons plus tôt que tous les autres et ceux-ci pouvaient alors croire que c'était lui qui les avait fait pousser : son esprit était sans cesse aux aguets entre le clair et l'obscur, le vieux et le jeune. Partout où des passages, des renfoncements, des bouleversements indiquaient l'existence de sources intérieures, l'inquiétude du printemps l'agitait, mais lui-même n'était pas le printemps ! – Il sen doutait bien de temps en temps et ne voulait pas se l'avouer à lui-même, lui le prêtre ambitieux qui aurait tant aimé être le pape des esprits de son temps ! Ce fut là sa souffrance : il semble longtemps avoir vécu en prétendant de plusieurs royaumes de l'esprit et même d'un empire universel et il avait ses partisans qui croyaient en lui : le jeune Gœthe était parmi eux. Mais partout où l'on finissait par distribuer véritablement des couronnes, il s'en allait les mains vides. Kant, Gœthe et ensuite les premiers véritables historiens et philologues allemands lui enlevèrent ce qu'il croyait s'être réservé, – mais sans qu'il crût parfois à cette priorité dans le silence et le secret de lui-même. C'est justement lorsqu'il doutait de lui-même qu'il aimait à se draper dans la dignité et l'enthousiasme : et ce manteau devait souvent cacher bien des choses, et aussi le duper et le consoler lui-même. Il possédait véritablement de l'enthousiasme et de l'ardeur, mais son ambition était beaucoup plus grande que tout cela. Cette ambition avivait le feu et il se mettait à flamber, à crépiter et à fumer – le *style* de Herder flambe, crépite et fume, – mais il désirait la grande flamme et celle-ci ne venait jamais ! Il ne pouvait s'asseoir à la table des créateurs véritables : et son ambition ne lui permettait pas de se placer humblement parmi ceux qui jouissent simplement. C'est pourquoi il fut un hôte inquiet qui goûtait d'avance tous les mets intellectuels que pendant un demi-siècle les Allemands ramassèrent dans tous les mondes et dans tous les temps. Jamais totalement rassasié et heureux, Herder était, de plus, trop souvent malade : alors la jalousie s'asseyait parfois à son chevet et l'hypocrisie, elle aussi, lui rendait visite. Il gardait une allure de contrainte et semblait rongé par une blessure. Plus qu'aucun de ceux que l'on appelle nos « classiques », il manquait d'une brave et simple virilité.

119.

Odeur des mots. – Chaque mot a son odeur : il y a une harmonie et une dissonance des parfums, donc aussi des mots.

120.

Le style cherché. – Le style trouvé est une offense pour l'ami du style cherché.

121.

Promesse solennelle. – Je ne veux plus lire un auteur chez qui l'on remarque qu'il a voulu faire un livre. Je ne lirai plus que ceux dont les idées devinrent inopinément un livre.

122.

La convention artistique. – Ce qu'a écrit Homère est convention aux trois quarts, et il en est ainsi de presque tous les artistes grecs, qui n'avaient aucune raison de s'adonner à la rage d'originalité qui est le propre des modernes. Ils n'avaient nulle crainte du conventionnel, c'était là un moyen pour entrer en communion avec leur public. Car les conventions sont des procédés pour l'entendement de l'auditeur, une langue commune péniblement apprise, au moyen de quoi l'artiste peut véritablement se communiquer. Surtout lorsque, comme les poètes et les musiciens grecs, il veut être *immédiatement* victorieux avec son œuvre d'art – étant habitué à lutter publiquement avec un ou deux rivaux –, c'est aussi la première condition pour être *compris immédiatement* : ce qui n'est possible que par la convention. Ce que l'artiste invente au delà de la convention, il l'ajoute de son propre chef et il s'y risque lui-même, au meilleur cas avec ce succès d'avoir *créé* une nouvelle convention. Généralement ce qui est original est regardé avec étonnement, parfois même adoré, mais rarement compris ; vouloir échapper avec opiniâtreté à la convention, c'est vouloir ne pas être compris. A quoi vise donc la folie d'originalité des temps modernes ?

123.

Affectation de la science chez les artistes. – Schiller croyait, avec quelques autres artistes allemands, que lorsque l'on a de l'esprit on a le droit de se livrer à l'*improvisation* sur toutes sortes de sujets difficiles. Nous avons donc ses compositions en prose – à tous les points de vue un modèle pour montrer la façon dont il ne faut pas s'attaquer aux questions scientifiques de l'esthétique et de la morale, – et aussi un danger pour les jeunes lecteurs qui, dans leur admiration pour le poète Schiller, n'ont pas le courage d'estimer peu le penseur et l'écrivain Schiller. La tentation qui s'empare si facilement de l'artiste, tentation pardonnable entre toutes, de passer une fois, lui aussi, sur une prairie qui lui est interdite et de dire son mot dans la science – car le plus brave trouve parfois son métier et son atelier insupportables – cette tentation est si forte chez l'artiste qu'il veut montrer à tout le monde ce que personne n'a besoin de voir, à savoir : que son petit « pensoir » est étroit et désordonné, – qu'importe ! il n'y habite pas ! – que les greniers de son savoir sont vides, à moitié pleins de fatras – pourquoi non ? l'enfant-artiste s'en accommode même fort bien –, et surtout que, pour les plus faciles pratiques de la méthode scientifique, familières même aux commençants, ses membres sont trop peu exercés et pas assez agiles – et de cela aussi il n'a certainement pas besoin d'avoir honte ! – Par contre il déploie parfois un art considérable à *imiter* tous les défauts, tous les travers et les mauvaises habitudes savantes que l'on trouve dans la corporation scientifique, avec l'idée que cela fait partie, sinon du sujet lui-même, du moins de l'apparence du sujet ; et c'est là précisément ce qu'il y a de réjouissant dans de pareils écrits d'artiste : l'artiste y fait sans le vouloir ce qui est en somme son métier : *parodier* les natures scientifiques et anti-artistiques. Vis-à-vis de la science, il ne devrait pas prendre d'autre position que la parodie, du moins en tant qu'il est artiste et rien qu'artiste.

124.

L'idée de faust. – Une petite couturière est séduite et plongée dans le malheur ; un grand savant des quatre facultés est le malfaiteur. Il y a certainement quelque chose là-dessous ! Car cette histoire n'a rien de naturel. Sans l'aide du diable en personne, le grand savant ne serait pas arrivé à ses fins. – Serait-ce là vraiment la plus grande « pensée tragique » allemande, comme on entend dire parmi les Allemands ? – Pour Gœthe, cependant, cette pensée avait quelque chose de trop épouvantable ; son cœur compatissant ne pouvait faire autrement que de transporter la petite couturière, « la bonne âme qui ne s'est oubliée qu'une seule fois », après sa mort involontaire, dans le voisinage des saints ; et il parvint même, par un mauvais tour que l'on joue au diable, au moment décisif, à faire entrer au ciel le grand savant alors qu'il en était temps encore, lui « l'homme bon » à l' «instinct obscur » : – en sorte que là-haut au ciel les amants se retrouvent. – Gœthe disait une fois que pour les sujets véritablement tragiques sa nature avait été trop conciliante.

125.

Y a-t-il des classiques allemands ? – Sainte-Beuve remarque une fois que la manière de certaines littératures ne s'accorde pas du tout avec le mot « classique » : il ne viendrait par exemple à l'idée de personne de parler de « classiques allemands ». – Que disent de cela nos libraires allemands qui sont en train d'ajouter aux cinquante classiques allemands, à qui nous devons déjà croire, cinquante nouveaux classiques ? Il semble presque qu'il suffirait simplement d'être mort depuis trente ans et de s'étaler publiquement comme une proie offerte à tous pour entendre soudain la trompette de résurrection qui vous sacre classique ! Et cela dans un temps et au milieu d'un peuple où, des six grands ancêtres de la littérature, cinq sont en train de vieillir incontestablement ou ont même déjà vieilli, – sans que ce temps et ce peuple aient précisément besoin d'avoir honte de *cela* ! Car ces écrivains ont cédé la place aux *forces* de ce temps, – il suffit d'y songer en toute équité ! – Comme je l'ai indiqué, je fais abstraction de Gœthe, a appartient à une catégorie supérieure de littératures qui est au-dessus des « littératures nationales » : c'est pourquoi la vie, la nouveauté, la caducité n'entrent pas en ligne de compte dans ses rapports avec sa *nation*. Il n'a vécu que pour le petit nombre et c'est pour le petit nombre qu'il vit encore : pour la plupart des gens il n'est qu'une fanfare de vanité qu'on souffle de temps en temps au delà des frontières allemandes. Gœthe fut non seulement un homme bon et grand, mais encore une *culture*. Dans l'histoire des Allemands, il est un incident sans conséquences : qui pourrait par exemple découvrir dans la politique allemande des soixante-dix dernières années une influence quelconque de Gœthe ! (tandis que Schiller a certainement travaillé à cette histoire et peut-être un peu Lessing.) Mais que dire de ces cinq autres ! Klopstock vieillit déjà de son vivant d'une façon très vénérable, et si foncièrement que le livre réfléchi de ses années de vieillesse, sa *République des Savants*, n'a été jusqu'aujourd'hui prise au sérieux par personne. Herder eut le malheur d'écrire des ouvrages qui étaient toujours trop neufs ou déjà vieillis ; pour les esprits plus subtils et plus forts (comme pour Lichtenberg), l'œuvre principale de Herder, ses *Idées sur l'histoire de l'humanité*, par exemple, avait quelque chose de suranné dès son apparition. Wieland qui, abondamment, avait vécu et engendré la vie, prévint, en homme avisé, la diminution de son influence par la mort. Lessing subsiste peut-être encore aujourd'hui – mais parmi les savants jeunes et toujours plus jeunes ! Et Schiller est sorti maintenant des mains des jeunes gens pour tomber dans celles des petits garçons, de tous les petits garçons allemands ! C'est, pour un livre, une façon connue de vieillir, que de descendre à des âges de moins en moins mûrs. – Et qu'est-ce qui a refoulé ces cinq écrivains, de sorte qu'ils ne sont plus lus par les hommes laborieux d'une instruction solide ? Le goût meilleur, la réflexion plus mûre, la plus grande estime du vrai et du véritable : c'est-à-dire des vertus qui ont été *implantées* de nouveau en Allemagne par ces cinq, précisément (et par dix ou vingt autres, moins éclatants), et qui maintenant, en forêt somptueuse, étendent sur leur propre tombe l'ombre de la vénération, et aussi un peu de l'ombre de l'oubli. – Mais les *classiques* ne sont pas les *planteurs* des vertus intellectuelles ou littéraires, ils sont l'*accomplissement* et les plus hauts sommets de ces vertus, qui continuent à s'élever au-dessus des peuples, lors même que ceux-ci périraient : car ils sont plus légers, plus libres et plus purs qu'eux. On peut imaginer un état supérieur de l'humanité, où l'Europe des peuples aura sombré dans l'oubli du passé, mais où l'Europe *vivra* encore dans trente volumes très anciens et qui ne vieilliront jamais : dans les classiques.

126.

Intéressant, mais point beau. – Cette contrée cache sa signification, mais elle en a une que l'on aimerait deviner : partout où je regarde, je lis des mots et des indications de mots, mais je ne sais pas où commence la phrase qui résout l'énigme de toutes ces indications, et je gagne un torticolis à essayer vainement de lire, en commençant par tel côté ou par tel autre.

127.

Contre les novateurs du langage. – Faire des néologismes ou des archaïsmes dans le langage, préférer le rare et l'étrange, viser à la richesse des expressions plutôt qu'à la restriction, c'est toujours le signe d'un goût qui n'a pas encore atteint sa maturité ou qui est déjà corrompu. Une noble pauvreté, mais, dans un domaine sans apparence, une liberté de maître, c'est ce qui distingue, en Grèce, les artistes du discours : ils veulent posséder *moins* que ne possède le peuple, – car c'est le peuple qui est le plus riche en choses anciennes et nouvelles – mais ce peu, ils veulent le posséder *mieux*. On en a vite fini d'énumérer leurs archaïsmes et leurs étrangetés, mais l'admiration est sans borne si l'on a de bons yeux pour voir la façon légère et douce dont ils approchent ce qu'il y a de quotidien et de très usé en apparence, dans les mots et les tours de phrase.

128.

Les auteurs tristes et les auteurs graves. Celui qui couche sur le papier ce qu'il *souffre* devient un auteur triste : mais il devient un auteur grave s'il nous dit ce qu'il a *souffert* et pourquoi il se repose maintenant dans la joie.

129.

SANTÉ DU GOUT. – D'où vient que la santé ne soit pas aussi contagieuse que la maladie, ceci d'une façon générale et surtout en matière de goût ? Ou bien y a-t-il des épidémies de santé ?

130.

RÉSOLUTION. – Ne plus lire un livre qui, aussitôt qu'il est né, a été baptisé (avec de l'encre).

131.

CORRIGER LA PENSÉE. – Corriger le style – c'est corriger la pensée et rien de plus ! – Celui qui n'en convient as du premier coup ne pourra jamais en être persuadé.

132.

LIVRES CLASSIQUES. – Le côté le plus faible de tout livre classique c'est qu'il est trop écrit, dans la langue maternelle de son auteur.

133.

MAUVAIS LIVRES. – Le livre doit crier après la plume, l'encre et la table de travail : mais généralement c'est la plume, l'encre et la table de travail qui crient après le livre. C'est pourquoi de nos jours les livres sont si peu de chose.

134.

PRÉSENCE DES SENS. – Le public, en réfléchissant à des tableaux, devient poète, mais quand il réfléchit à des poèmes, il devient observateur. Au moment où l'artiste fait appel au public il manque généralement du *sens* véritable, donc non point de présence d'esprit, mais de présence des sens.

135.

IDÉES CHOISIES. – Le style choisi d'une époque prééminente trie non seulement les mots, mais encore les idées, – et il cherche, tant les mots que les idées, dans ce qui est *usuel* et *dominant* : les idées risquées et trop neuves répugnent tout autant au goût mûr que les images et les expressions neuves et audacieuses. Plus tard ces deux choses – l'idée choisie et le mot choisi – sentent facilement la médiocrité, parce que l'odeur particulière s'y perd vite et qu'on n'y sent plus que le banal et le quotidien.

136.

CAUSE PRINCIPALE DE LA CORRUPTION DU STYLE. – Vouloir montrer plus de sentiment pour une chose qu'on n'en *possède* réellement détruit le *style*, dans la langue et dans les arts. Tout grand art possède plutôt le penchant contraire : pareil à tout homme d'une réelle valeur morale, il voudra arrêter le sentiment en route et ne pas le laisser aller *tout à fait* jusqu'au bout. Cette pudeur de la demi-visibilité du sentiment est, par exemple, le plus admirablement observée chez Sophocle ; et elle semble transfigurer les traits du sentiment, lorsque celui-ci se montre lui-même plus sobre qu'il ne l'est.

137.

Pour excuser les stylistes lourds. — Ce qui est dit légèrement tombe rarement dans l'oreille avec son poids véritable, – mais c'est la faute à l'oreille mal disciplinée, qui, éduquée par ce que l'on a appelé jusqu'à présent la musique, a dû négliger l'école des harmonies supérieures, c'est-à-dire du *discours*.

138.

Perspective a vol d'oiseau. — Voici des torrents qui se précipitent de plusieurs côtés dans un gouffre : leur mouvement est si impétueux et entraîne l'œil avec tant de force que les versant de la montagne, nus ou boisés, ne semblent pas s'incliner, mais *couler* dans les profondeurs. Devant ce spectacle, on éprouve les angoisses de l'attente, comme si derrière tout cela se cachait quelque chose d'hostile qui pousserait à la fuite et dont l'abîme seul pourrait nous protéger. Il n'est pas possible de peindre cette contrée, à moins que l'on ne plane au-dessus d'elle, dans l'air libre, comme un oiseau. Ce que l'on appelle la perspective à vol d'oiseau n'est donc pas ici le bon plaisir de l'artiste, mais le seul procédé possible.

139.

Comparaisons hasardeuses. – Lorsque les comparaisons hasardeuses ne sont pas la preuve de la malice d'un écrivain, elles sont la preuve de son imagination épuisée. Mais dans tous les cas elles témoignent de son mauvais goût.

140.

Danser dans les chaines. – En face de chaque artiste, poète ou écrivain grec il faut se demander : quelle est la *nouvelle* contrainte qu'il s'impose et qu'il rend séduisante aux yeux de ses contemporains (pour trouver ainsi des imitateurs) ? Car ce que l'on appelle « invention » (sur le domaine métrique par exemple) est toujours une de ces entraves que l'on se met à soi-même. « Danser dans les chaînes » : regarder les difficultés en face, puis étendre dessus l'illusion de la facilité, – c'est là le tour de force qu'ils veulent nous montrer. Chez Homère déjà on remarque une série de formules transmises et de règles dans le récit épique, *au milieu desquelles* il lui fallut danser : et lui-même ajouta, de son propre chef, de nouvelles conventions pour ceux qui allaient venir. Ce fut là l'école éducatrice des poètes grecs : se laisser imposer d'abord, par les poètes précédents, une contrainte multiple ; puis ajouter l'invention d'une contrainte nouvelle, s'imposer cette contrainte et la vaincre avec grâce : afin que soient remarquées et admirées la contrainte et la victoire.

141.

Ampleur des écrivains. – La dernière chose qui vient à un bon écrivain, c'est l'ampleur ; celui qui l'apporte avec lui ne sera jamais un bon écrivain. Les plus nobles chevaux de course sont maigres, jusqu'à ce qu'ils puissent se *reposer* de leurs victoires.

142.

Héros essoufflés. – Les poètes et les artistes qui souffrent d'étroitesse dans les sentiments font haleter leurs héros le plus longtemps : ils ne s'entendent pas à respirer facilement.

143.

Les demi-aveugles. – Le demi-aveugle est l'ennemi né de tous les écrivains qui se laissent aller. Quelle colère le prend en fermant un livre où il s'est aperçu que l'auteur a besoin de cinquante pages pour faire part de cinq idées : il est furieux d'avoir mis en danger, presque sans récompense, ce qui lui reste d'yeux. – Un demi-aveugle disait un jour : *Tous* les auteurs se sont laissé aller. – « Le Saint-Esprit aussi ? » – Le Saint-Esprit aussi. Mais il en avait le droit ; il écrivait pour ceux qui étaient complètement aveugles.

144.

Le style de l'immortalité. – Thucydide tout aussi bien que Tacite – en élaborant leurs œuvres, ont songé à l'immortalité : si on ne le savait pas d'une autre manière cela se devinerait déjà à leur style. L'un croyait donner de la durée à ses idées en les réduisant par l'ébullition, l'autre en y mettant du sel ; et tous deux, semble-t-il, ne se sont pas trompés.

145.

Contre les images et les symboles. – Avec les images et les symboles on persuade, mais on ne démontre pas. C'est pourquoi, dans le domaine de la science, on a une telle terreur des images et des symboles ; car ici l'on ne veut précisément *pas* ce qui convainc et rend vraisemblable, on provoque, au contraire, la plus froide méfiance, rien que par la façon de s'exprimer et la nudité des murs, parce que la méfiance est la pierre de touche pour l'or de la certitude.

146.

Se garder. – En Allemagne, celui qui ne possède pas un savoir profond devra bien se garder d'écrire. Car le *bon* Allemand ne dit pas : « il est ignorant », mais « il est d'un caractère douteux ». – Cette conclusion hâtive fait d'ailleurs honneur aux Allemands.

147.

Squelettes tatoués. – Les squelettes tatoués, ce sont les auteurs qui aimeraient remplacer ce qui leur manque de chair par des couleurs artificielles.

148.

Le style grandiloquent et ce qui lui est supérieur. – On apprend plus facilement à écrire avec grandiloquence ce qu'à écrire légèrement et simplement. Les raisons de cela se perdent dans le domaine moral.

149.

Sébastien bach. – Lorsque l'on n'écoute pas la musique de Bach en connaisseur accompli et sagace du contre-point et de toutes les manières du style de la fugue, lorsque l'on se prive ainsi d'une véritable jouissance artistique, on l'écoutera tout autrement, avec l'état d'esprit d'un homme (pour employer avec Gœthe une expression magnifique) qui eût été présent au moment où *Dieu créa le monde*. C'est-à-dire que l'on sentira alors qu'il y a là quelque chose de grand qui est dans son devenir, mais qui n'est pas encore : notre *grande* musique moderne. Elle a déjà vaincu le monde en remportant la victoire sur l'Église, les nationalités et le contre-point. Dans Bach il y a encore trop de christianisme cru, de germanisme cru, de scolastique crue ; il se trouve au seuil de la musique européenne (moderne), mais de là il tourne son regard vers le moyen âge.

150.

Hændel. – Hændel, lorsqu'il composait sa musique, était brave, novateur, vrai, puissant ; il se tournait vers un héroïsme semblable à celui dont un peuple est capable, – mais, lorsqu'il s'agissait d'achever son travail, il était souvent plein de contrainte, de froideur et même de dégoût de soi ; alors il se servait de quelques méthodes éprouvées dans l'exécution, il se mettait à écrire vite et beaucoup et était trop heureux d'en avoir fini, – mais ce n'était pas un contentement pareil à celui de Dieu et d'autres créateurs, au soir de leur journée féconde.

151.

Haydn. – Si la génialité peut s'allier à la nature d'un homme simplement *bon*, Haydn a possédé cette génialité. Il va jusqu'à la frontière que la moralité trace à l'intelligence ; il ne fait que de la musique qui n'a pas de « passé ».

152.

Beethoven et mozart. – La musique de Beethoven apparaît souvent comme une contemplation profondément émue à l'audition d'un morceau que l'on croyait perdu depuis longtemps, c'est « l'innocence dans les sons », une musique *au sujet* de la musique. La chanson du mendiant ou de l'enfant des rues, les motifs traînants des Italiens en voyage, les airs de danse des auberges de village ou des nuits de Carnaval, voilà les sources d'inspiration où Beethoven découvre ses « mélodies », il les amasse comme une abeille, en saisissant çà et là une note ou une courte suite. Ce sont pour lui des *souvenirs* transfigurés d'un « monde meilleur » : semblables à ce que Platon imaginait au sujet des idées. – Mozart est dans un rapport tout différent avec ses mélodies : il ne trouve pas ses inspirations en entendant de la musique, mais en regardant la vie, la vie la plus mouvementée des contrées méridionales : il rêvait toujours de l'Italie lorsqu'il n'y était pas.

153.

Récitatif. – Autrefois, le récitatif était sec ; maintenant nous vivons en un temps du *récitatif mouillé* : il est tombé à l'eau et les vagues l'entraînent où elles veulent.

154.

Musique « sereine ». – Lorsque l'on entend de la musique après en avoir été privé très longtemps, elle passe trop vite dans le sang comme un de ces vins épais du midi et laisse à l'âme une griserie semblable à celle d'un narcotique qui la plonge dans un état de demi-sommeil et de désir ; c'est surtout le cas de la musique « sereine » qui procure en même temps de l'amertume et de la douleur, de la satiété et du mal de pays et qui force à absorber tout cela, sans cesse, comme un doux breuvage empoisonné. Pendant ce temps, la salle où bruit une joie sereine semble se rétrécir toujours davantage, la lumière paraît diminuer d'intensité et devenir plus sombre : finalement on croit entendre la musique comme si elle entrait dans une prison, où le mal du pays empêche un pauvre homme de dormir.

155.

François schubert. – François Schubert, un artiste moindre que les autres grands musiciens, possédait cependant, plus que ceux-ci, une *richesse héréditaire* en musique. Il gaspilla cette richesse à pleine main et d'un cœur généreux : en sorte que les musiciens pourront encore vivre pendant quelques siècles de ses idées et de ses inventions. Dans son œuvre nous possédons un trésor d'inventions inutilisées. – Si l'on osait appeler Beethoven l'auditeur idéal d'un ménestrel, Schubert aurait le droit d'être appelé lui-même le ménestrel idéal.

156.

La diction musicale la plus moderne. – La grande diction tragico-dramatique dans la musique acquiert son caractère par l'imitation des gestes du grand pécheur, tel que le christianisme imagine et souhaite celui-ci : de l'être qui marche à pas lents, méditant avec passion, agité par les tortures de la conscience, fuyant tantôt avec épouvante, tantôt s'arrêtant avec désespoir, ou encore les mains tendues dans le ravissement – et quels que soient les autres signes du grand état de péché. Mais le chrétien admet que tous les hommes sont de grands pécheurs et ne font que pécher sans cesse, et cette condition pourrait seule justifier l'application à *toute* la musique de ce style dans la diction : et cela, en ce sens que la musique serait le reflet de tous les actes humains et aurait, comme telle, à parler sans cesse le langage que le grand pécheur exprime dans ses gestes. Un auditeur qui ne serait pas assez chrétien pour comprendre cette logique aurait, il est vrai, le droit de s'écrier, en face d'une pareille diction musicale : « Au nom du ciel comment le péché est-il entré dans la musique ! »

157.

Félix mendelssohn. – La musique de Félix Mendelssohn est la musique du bon goût qui prend plaisir à tout ce qu'il y eut autrefois de bien : elle renvoie toujours à ce qui est derrière elle. Comment pourrait-elle avoir beaucoup de choses devant elle, beaucoup d'avenir ! – Mais Félix Mendelssohn *voulut*-il donc avoir de l'avenir ? Il possédait une vertu qui est rare parmi les artistes, celle de la reconnaissance, sans arrière-pensée : et c'est là aussi une vertu qui renvoie toujours à ce qui est derrière elle.

158.

Une mère des arts. – A notre époque de scepticisme un héroïsme brutal de l'*ambition* fait presque partie de la véritable *dévotion*. Il ne suffit plus de fermer fanatiquement les yeux et de courber les genoux. Ne serait-il pas possible que l'ambition d'être à jamais le dernier héros de la dévotion devînt la mère d'une dernière musique religieuse catholique, de même qu'elle engendra déjà le dernier style de l'architecture religieuse ? (On l'appelle le style jésuite).

159.

LA LIBERTÉ DANS LES ENTRAVES – UNE LIBERTÉ PRINCIÈRE. – Le dernier des nouveaux musiciens qui ait vu et adoré la beauté, à l'égal de Léopardi, le Polonais Chopin, lui qui fut l'inimitable – tous ceux qui sont venus avant et après lui n'ont pas droit à cette épithète – Chopin, dis-je, possédait la même noblesse princière dans le convenu que Raphaël dans l'emploi des couleurs traditionnelles les plus simples, – mais non par rapport aux couleurs, mais aux usages mélodiques et rythmiques. Il admit ces usages, car il était *né dans l'étiquette*, mais, tel l'esprit le plus subtil et le plus gracieux, se livrant dans ses entraves au jeu et à la danse – *sans* qu'il voulût même s'en moquer.

160.

LA BARCAROLLE DE CHOPIN. – Presque tous les états d'âme et toutes les conditions de la vie possèdent un seul moment *bienheureux*. C'est ce moment là que les bons artistes savent découvrir. Il y en a un même dans la vie sur la côte, cette vie si ennuyeuse, si malpropre, si malsaine, qui se déroule dans le voisinage de la populace la plus bruyante et la plus rapace ; – ce moment bienheureux, Chopin a su lui prêter des accords dans sa *Barcarolle* au point que les dieux eux-mêmes pourraient avoir envie de s'étendre dans une barque durant les longs soirs d'été.

161.

ROBERT SCHUMAN. – Le « jeune homme » tel que le rêvaient les poètes lyriques du Romantisme français et allemand dans le premier tiers de ce siècle, – ce jeune homme a été complètement traduit en chants et en musique par Robert Schumann, l'éternel jeune homme, tant qu'il se sentit dans la plénitude de sa force : il est vrai qu'il y a des moments où sa musique fait songer à l'éternelle « vieille fille ».

162.

LES CHANTEURS DRAMATIQUES. – « Pourquoi ce mendiant chante-t-il ? » – Il ne s'entend probablement pas à gémir. – « Alors il fait bien : mais nos chanteurs dramatiques qui gémissent parce qu'ils ne savent pas chanter – font-ils bien, eux aussi ? »

163.

MUSIQUE DRAMATIQUE. – Pour celui qui ne voit pas ce qui se passe sur la scène, la musique dramatique est une absurdité ; de même que le commentaire perpétuel d'un texte perdu est une absurdité. Cette musique demande très sérieusement que l'on ait les oreilles là où se trouvent les yeux. Mais c'est là faire violence à Euterpe : cette pauvre muse veut qu'on laisse ses yeux et ses oreilles aux endroits où toutes les autres muses les ont aussi.

164.

Victoire et raison. – Malheureusement, dans les guerres esthétiques que les artistes provoquent avec leurs œuvres et la défense de celles-ci, c'est aussi la force qui décide en dernière instance et non point la raison. Maintenant tout le monde admet, comme fait historique, que le bonheur dans la lutte a eu *raison* avec Piccini : en tous les cas Piccini a été *victorieux* ; la force se trouvait de son côté.

165.

Du principe de l'exécution musicale. – Les exécutants d'aujourd'hui croient-ils donc vraiment que c'est le commandement suprême de leur art de donner à chaque morceau autant de *haut-relief* que possible et de lui faire parler à tout prix un langage dramatique ? Appliqué, par exemple, à Mozart, n'est-ce pas là un véritable pêché contre l'esprit, l'esprit serein, ensoleillé, tendre et léger de Mozart, dont le sérieux est un sérieux bienveillant et non point un sérieux terrible, dont les images ne veulent pas sauter hors de leur cadre pour épouvanter et mettre en fuite celui qui les contemple ? Ou bien vous imaginez-vous que la musique de Mozart s'identifie à la musique du « Festin de Pierre» ? Et non seulement la musique de Mozart, mais toute espèce de musique ? – Mais vous répondez que le plus grand effet parle en faveur de votre principe – et vous auriez raison si l'on ne vous répliquait pas par une autre question : *sur qui* a-t-on voulu faire de l'effet, et sur qui un artiste noble a-t-il seulement le droit de *vouloir* faire de l'effet ? Jamais sur le peuple ! Jamais sur les êtres qui n'ont pas atteint leur maturité ! Jamais sur les êtres sensibles ! Jamais sur les êtres maladifs ! Mais avant tout : jamais sur les êtres émoussés !

166.

Musique d'aujourd'hui. – Cette musique archimoderne, avec ses poumons vigoureux et ses nerfs délicats, s'effraye toujours d'abord devant elle-même.

167

Ou la musique est a l'aise. – La musique n'atteint sa grande puissance que parmi les hommes qui ne peuvent ni ne doivent discuter. C'est pourquoi ses premiers promoteurs sont les princes qui ne veulent pas que, dans leur entourage, l'on critique beaucoup, ni même que l'on pense beaucoup ; et ensuite les sociétés qui, sous une pression quelconque (princière ou religieuse), sont forcées de s'habituer au silence, mais qui sont à la recherche de sortilèges d'autant plus violents contre l'ennui du sentiment (généralement l'éternel penchant amoureux et l'éternelle musique) ; en troisième lieu des peuples tout entiers où il n'y a point de « société », mais d'autant plus d'individus avec un penchant à la solitude, à des pensées crépusculaires et à la vénération de tout ce qui est inexprimable : ce sont les véritables âmes musicales. – Les Grecs, étant un peuple qui aime la parole et la lutte, ne supportaient la musique que comme un *accessoire* des arts sur quoi l'on pût discuter et parler véritablement : tandis que sur la musique il est à peine possible de *penser* nettement. – Les Pythagoriciens, ces Grecs exceptionnels en bien des matières, étaient aussi, ainsi que l'on prétend, de grands musiciens : ce sont les mêmes qui ont inventé le silence de cinq ans, mais non point la dialectique.

168.

Sentimentalité dans la musique. – Quel que soit le penchant que l'on ait pour la musique sérieuse et grande, à certaines heures on sera toujours subjugué, charmé et attendri par l'opposé de celle-ci. Je veux parler de ces *mélismes* d'opéra italiens, les plus simples de tous, qui, malgré leur uniformité rythmique et l'enfantillage de leurs harmonies, nous émeuvent parfois comme si nous entendions chanter l'âme même de la musique. Que vous en conveniez oui non, pharisiens du bon goût, *il en est ainsi*, et pour moi il importe maintenant avant tout de donner à deviner cette énigme et d'aider moi-même un peu à la résoudre. – Lorsque nous étions encore enfants, nous avons goûté pour la première fois le miel de bien des choses ; jamais plus dans la suite, il ne nous parut aussi bon qu'alors ; il induisait à la vie, à la vie la plus longue, sous la forme du premier printemps, des premières fleurs, des premiers papillons, de la première amitié. – Alors – ce fut peut-être vers la neuvième année de notre vie – nous entendîmes la première musique : et ce fut celle que nous *comprîmes* d'abord, par conséquent la plus simple et la plus enfantine, celle qui ne fut guère plus que le développement d'une chanson de nourrice ou d'un air de musicien ambulant. (Car il faut que l'on soit *préparé* et *exercé* pour les moindres révélations de l'art : il n'existe nullement d'effet « immédiat » de l'art, quelles que soient les belles inventions que les philosophes aient à ce sujet.) C'est à ces premiers ravissements musicaux – les plus violents de notre vie – que se rattache notre sentiment, lorsque nous entendons ces *mélismes* italiens : la béatitude d'enfant et la fuite du jeune âge, le sentiment de l'irréparable comme notre bien le plus précieux, – tout cela touche les cordes de notre âme d'une façon plus violente que la présence la plus abondante et la plus sérieuse de l'art ne saurait le faire. – Ce mélange de joie esthétique avec un chagrin moral que l'on a maintenant l'habitude d'appeler communément « sentimentalité », un peu trop orgueilleusement comme il me semble – c'est l'état d'âme de Faust à la fin de la première scène – cette « sentimentalité » des auditeurs profite à la musique italienne que, généralement, les gourmets expérimentés de l'art, les « esthéticiens » purs, aiment à ignorer. – D'ailleurs toute musique ne commence à avoir un effet *magique* qu'à partir du moment où nous entendons parler en elle le langage de notre propre *passé :* et en ce sens, pour le profane, toute musique ancienne semble devenir toujours meilleure, et toute musique récente n'avoir que peu de valeur : car elle n'éveille pas encore de « sentimentalité », cette sentimentalité qui, comme je l'ai indiqué, est le principal élément de bonheur dans la musique, pour tout homme qui ne prend pas plaisir à cet art purement en artiste.

169.

En amis de la musique. – En fin de compte, nous continuons à aimer la musique comme nous aimons le clair de lune. Tous deux ne veulent pas remplacer le soleil, – mais seulement illuminer nos nuits tant bien que mal. Mais n'est-ce pas ? nous avons quand même le droit d'en rire et de plaisanter à leur sujet ? Un peu du moins ? Et de temps en temps ? Sur l'homme dans la lune ? Sur la femme dans la musique !

170

L'art dans le temps réservé au travail. – Nous possédons la conscience d'une époque *laborieuse :* cela ne nous permet pas de réserver à l'art les meilleures heures et les meilleurs matins, quand même cet art serait le plus grand et le plus digne. Il est à nos yeux affaire de loisir, de récréation : nous lui vouons les *restes* de notre temps, de nos forces. – C'est là le fait principal qui a changé la situation de l'art vis-à-vis de la vie : lorsque l'art fait appel aux réceptifs par de grandes exigences de temps et de force, il a *contre* lui la conscience des laborieux et des hommes capables, il en est réduit aux gens indolents et sans conscience qui, de par leur nature, ne sont précisément pas portés vers le *grand* art et qui considèrent les prétentions du grand art comme de l'insolence. Il se pourrait donc très bien que c'en fût fait du grand art parce qu'il manque d'air et de libre respiration : ou bien encore faudrait-il qu'il essaie de s'acclimater dans une autre atmosphère (ou du moins de pouvoir y vivre), dans une atmosphère qui n'est en somme que l'élément naturel du *petit* art, de l'art du repos, de la distraction amusante. Il en est ainsi presque partout maintenant ; les artistes du grand art, eux aussi, promettent une récréation et une distraction, eux aussi s'adressent à l'homme fatigué et lui demandent les heures du soir de ses journées de travail, – tout comme les artistes qui veulent récréer et qui sont satisfaits d'avoir remporté une victoire sur le front chargé de plis sévères et sur les yeux caves. Quels sont donc les artifices de leurs plus grands confrères ? Ceux-ci ont dans leurs armes les excitants les plus puissants qui parviendraient même à effrayer l'homme mort à moitié ; ils possèdent des stupéfiants, des moyens de griser, d'ébranler, de provoquer des crises de larmes : par tous ces moyens, ils subjuguent l'homme fatigué et l'amènent dans un état de fébrilité nocturne, de débordement, de ravissement et de crainte. Aurait-on le droit d'en vouloir au grand art, tel qu'il existe aujourd'hui sous forme d'opéra, de tragédie et de musique, à cause des moyens dangereux qu'il emploie comme on en voudrait à un pêcheur astucieux ? Certainement non : car il préférerait cent fois vivre dans le pur élément du silence matinal et s'adresser aux âmes pleines de vie, de force et d'attente, aux âmes du matin chez les spectateurs et les auditeurs. Remercions-le de préférer vivre ainsi que de s'enfuir ; mais avouons-nous aussi que, pour une époque qui apportera dans la vie des jours de fête et de joie, libres et pleins, notre *grand* art sera inutilisable.

171

Les employés de la science et les autres. – On pourrait appeler « employés » les savants véritablement capables et couronnés de succès. Lorsque, dans les jeunes années, leur sagacité est suffisamment exercée, leur mémoire remplie, lorsque la main et l'œil ont pris de la sûreté, un savant plus âgé qu'eux leur assigne dans la science une place où leurs capacités peuvent être utiles ; plus tard, lorsqu'ils ont eux-mêmes acquis le regard qui leur fait voir les points faibles et les lacunes de leur science, ils se placent d'eux-mêmes aux endroits où l'on a besoin d'eux : mais il y a d'autres natures plus rares, rarement couronnées de succès et qui rarement mûrissent complètement, ce sont les hommes « à cause desquels la science existe » – il leur semble du moins à eux-mêmes qu'il en est ainsi : – des hommes souvent désagréables, souvent présomptueux, souvent entêtés, mais presque toujours quelque peu enchanteurs. Ce ne sont ni des employés ni des employeurs, ils se servent de ce que les autres ont réalisé et fixé par leur travail, avec une certaine résignation princière et des éloges médiocres et rares : comme si ceux-ci appartenaient en quelque sorte à une espèce inférieurs. Et pourtant ils ne possèdent pas de qualités différentes de celles par lesquelles se distinguent les autres et il leur arrive même de développer celles-ci à un degré moindre : de plus ils ont en particulier une étroitesse d'esprit qui manque à ceux-ci et à cause de quoi il n'est pas possible de les mettre à un poste et de voir en eux d'utiles instruments, – ils ne peuvent vivre que *dans leur propre atmosphère*, sur leur propre terrain. Cette étroitesse d'esprit leur permet de reconnaître ce qui, dans une science, leur « appartient », c'est-à-dire, ce qu'ils peuvent faire rentrer dans leur atmosphère et dans leur demeure ; ils ont toujours l'illusion de rassembler leur propriété éparse. Si on les empêche de construire leur propre nid, ils périssent comme des oiseaux sans abri. Le manque de liberté les jette dans la consomption. S'ils utilisent certaines entrées de la science à la façon des autres, ce seront toujours seulement celles où prospèrent les graines et les fruits qui leur sont nécessaires ; que leur importe si la science, dans son ensemble, possède des contrées incultes ou mal cultivées ? Ils ne prennent aucune part *impersonnelle* à un problème de la connaissance : de même qu'ils sont pénétrés de leur personnalité toutes leurs expériences et tout leur savoir se confondent de nouveau en une seule individualité, dont les différentes parties dépendent l'une de l'autre, empiètent l'une sur l'autre et sont nourries en commun, une individualité qui, dans soit ensemble, possède une atmosphère à elle et une odeur qui lui est propre. – De pareilles natures produisent, au moyen de ces systèmes de connaissances *personnelles*, cette *illusion* qui consiste à croire qu'une science (ou même la philosophie tout entière) a atteint ses limites et se trouve à son but ; la *vie* qu'il y a dans leur système exerce ce charme : et ce charme a été, à certaines époques, très néfaste pour la science et trompeur pour ces travailleurs de l'esprit vraiment capables, mais à d'autres époques, où régnaient la sécheresse et l'épuisement, semblable à un baume et pareil au souffle rafraîchissant qui vient d'un calme lien de repos. – Généralement on appelle de pareils hommes des *philosophes*.

172.

Reconnaissance du talent. – Lorsque je traversai le village de S, un jeune gamin se mit à claquer du fouet de toutes ses forces, – il avait passé maître dans cet art et il le savait. Je lui jetai un regard de reconnaissance, – mais au fond il me faisait *horriblement mal*. – Nous agissons souvent ainsi dans l'admiration que nous avons pour beaucoup de talents. Nous leur faisons du bien lorsqu'ils nous font du mal.

173.

Rire et sourire. – Plus l'esprit devient joyeux et sûr de lui-même, plus l'homme désapprend le rire bruyant ; par contre il est pris sans cesse d'un sourire plus intellectuel, signe de son étonnement à cause des innombrables ressemblances cachées qu'il y a dans la bonne existence.

174.

Entretien des malades. – De même que lorsque l'on a l'âme en détresse on s'arrache les cheveux, on se frappe le front, on se déchire les joues, ou encore que, comme Œdipe, on se crève les yeux : de même, contre de violentes douleurs physiques, on appelle en aide un sentiment de vive amertume, en se souvenant par exemple de ses calomniateurs et de ceux qui vous mettent en état de suspicion ; en obscurcissant notre avenir ; en lançant mentalement des méchancetés et des coups de poignard contre les absents. Et il est parfois vrai qu'un diable en chasse un autre, – mais c'en est alors un autre que l'on a en soi. – Voilà pourquoi il faut recommander aux malades cet autre divertissement qui semble contribuer à adoucir les douleurs : réfléchir aux bienfaits et aux gentillesses que l'on peut faire aux amis et aux ennemis.

175.

La médiocrité comme masque. – La médiocrité est le plus heureux des masques que l'esprit supérieur puisse porter, parce que le grand nombre, c'est-à-dire le médiocre, ne songe pas qu'il y a là un travestissement – : et pourtant c'est à cause de lui que l'esprit supérieur s'en sert, – pour ne point irriter et, dans des cas qui ne sont pas rares, par compassion et par bonté.

176.

LES PATIENTS. – Le pin semble écouter, le sapin semble attendre ; et tous deux écoutent sans impatience : – ils ne pensent pas à ce petit homme qui à leurs pieds, est dévoré par son impatience et sa curiosité.

177.

LES MEILLEURES PLAISANTERIES. – Je fais le meilleur accueil à la plaisanterie qui se glisse en place d'une pensée lourde et hésitante, en même temps comme signe de la main et comme clignement de l'œil.

178.

ACCESSOIRES DE TOUTE VÉNÉRATION. – Partout où l'on vénère le passé il ne faut pas laisser entrer les méticuleux qui veulent faire place nette. La piété ne se sent pas à l'aise sans un peu de poussière, d'ordure et de boue.

179.

LE GRAND DANGER DES SAVANTS. – Ce sont justement les savants les plus distingués et les plus sérieux qui courent le danger de voir le but de leur vie placé toujours plus bas, car ils ont le sentiment que, dans la seconde partie de leur existence, ils deviendront de plus en plus chagrins et querelleurs. Ils commencent par se jeter dans leur science, avec de vastes espoirs, et ils s'attribuent des tâches audacieuses dont leur imagination anticipe parfois déjà le but : il y a alors des moments semblables à ceux que l'on trouve dans la vie des grands navigateurs qui vont à la découverte ; – le savoir, le pressentiment et la force s'élèvent mutuellement toujours plus haut, jusqu'à ce qu'une côte lointaine et nouvelle apparaisse pour la première fois devant les regards. Mais l'homme sévère s'aperçoit d'année en année davantage combien il importe que la tâche particulière du chercheur soit prise dans des limites aussi restreintes que possible, pour que l'on puisse la résoudre *sans reste* et éviter cet insupportable gaspillage de forces dont souffraient les périodes intérieures de la science : tous les travaux étaient alors faits dix fois et c'était toujours le onzième qui avait à dire le dernier mot, le meilleur. Cependant, plus le savant apprend à connaître cette façon de résoudre les problèmes sans reliquat, plus il l'exerce, plus sera grand aussi le plaisir qu'il y prendra : mais la sévérité de ses prétentions, par rapport à ce qui est ici appelé « sans reliquat », grandira encore. Il met à part tout ce qui dans ce sens doit demeurer incomplet, il a le flair et la répugnance de tout ce qui n'est soluble qu'à moitié, – il déteste tout ce qui ne peut donner une espèce de certitude que pris dans sa généralité, avec des contours vagues. Ses plans de jeunesse s'effondrent devant ses yeux : à peine s'il en reste quelques nœuds à défaire : et c'est à ce travail que le maître s'applique maintenant avec joie et affirme sa force. Alors, au milieu de cette activité si utile et si infatigable, lui, l'homme vieilli, est parfois saisi d'un profond découragement, d'un sentiment qui finit par revenir plus souvent et qui ressemble à une espèce de torture de conscience : son regard s'abaisse sur lui-même, comme s'il voyait quelqu'un de transformé, quelqu'un qui s'est rapetissé et abaissé jusqu'à devenir un *nain* agile ; il s'inquiète de savoir si la maîtrise dans les petites choses n'est pas une sorte de commodité, un faux-fuyant devant les voix secrètes qui conseillent de donner de l'ampleur à la vie. Mais il ne peut plus passer *de l'autre côté*, – il est trop tard pour cela.

180.

Les maîtres a l'époque des livres. − L'éducation particulière et l'éducation par petits groupes se généralisant de plus en plus, on peut presque se passer de l'éducateur, tel qu'il existe maintenant. Des amis avides de savoir, qui veulent ensemble s'approprier une connaissance, trouvent, à l'époque des livres, une voie plus simple et plus naturelle que l' « école » et le « maître ».

181.

La vanité considérée comme la chose la plus utile. − Primitivement l'individu fort traite, non seulement la nature, mais encore la société et les individus faibles comme des objets de proie : il les exploite tant qu'il peut, puis il continue son chemin. Parce qu'il vit dans l'incertitude, alternant entre la faim et l'abondance, il tue plus de bêtes qu'il ne peut en consommer, pille et maltraite plus d'hommes qu'il ne serait nécessaire. Sa manifestation de puissance est en même temps une expression de vengeance contre son état de misère et de crainte : il veut, en outre, passer pour plus puissant qu'il n'est, voilà pourquoi il abuse des occasions : le surcroît de crainte qu'il engendre est pour lui un surcroît de puissance. Il remarque à temps que ce n'est pas ce qu'il *est*, mais ce pour quoi il *passe* qui le soutient ou l'abat : voilà l'origine de la *vanité*. Le puissant cherche par tous les moyens possibles à augmenter la *foi* en sa puissance. − Ceux qui lui sont assujettis, qui tremblent devant lui et le servent, savent, d'autre part, qu'ils ne valent exactement que ce pour quoi ils sont *réputés* : c'est pourquoi ils travaillent en vue de cette réputation et non point en vue de leur satisfaction personnelle. Nous ne connaissons la vanité que sous ses formes les plus affaiblies, lorsqu'elle ne se montre plus que sublimée et à petites doses, parce que nous vivons à une époque tardive et très adoucie de la société : primitivement elle était la chose *la plus utile*, le moyen de conservation le plus violent. Or, la vanité sera d'autant plus grande que l'individu sera plus avisé : parce qu'il est plus facile d'augmenter la croyance en la puissance que d'augmenter la puissance elle-même, mais c'est seulement le cas pour celui qui a de l'*esprit* − ou bien, comme il faut dire pour les états primitifs, pour celui qui est *rusé* et *dissimulé*.

183.

Pronostics de la culture. − Il y a si peu d'indices décisifs de la culture qu'il faut être heureux d'en posséder du moins un qui soit infaillible, pour s'en servir dans sa maison et son jardin. Pour examiner si quelqu'un est des nôtres ou non − je veux dire s'il fait partie des esprits libres − il faut s'informer de ses sentiments vis-à-vis du christianisme. S'il prend un autre point de vue que le point de vue critique il faut lui tourner le dos : il nous apportera un air impur et du mauvais temps. − Ce n'est plus *notre* tâche d'enseigner à de tels hommes ce que c'est qu'un vent de siroco ; ils ont Moïse et les prophètes du temps et de la raison : s'ils ne veulent pas les écouter : eh bien !...

183.

La colère et la punition viennent a leur temps. − La colère et la punition nous ont été léguées par l'espèce animale. L'homme ne s'émancipe qu'en rendant aux animaux ce cadeau de baptême. − Il y a là cachée une des plus grandes idées que les hommes puissent avoir, l'idée d'un progrès unique parmi tous les progrès. − Avançons ensemble de quelques milliers d'années, mes amis ! Beaucoup de joies sont encore réservées aux hommes, des joies dont l'odeur n'est pas encore venue jusqu'à ceux du présent. Or, nous avons le droit de nous permettre cette joie, de l'invoquer et de l'annoncer comme quelque chose de nécessaire, pourvu que le développement de la raison humaine *ne s'arrête point* ! Un jour viendra où l'on ne voudra plus assumer le péché *logique* qui se cache dans la colère et la punition, pratiquées individuellement ou en société : ce sera le jour où la tête et le cœur sauront être aussi près l'un de l'autre qu'ils sont éloignés maintenant. En jetant un regard sur la marche générale de l'humanité, on s'aperçoit assez bien qu'ils sont moins loin l'un de l'autre qu'ils l'étaient primitivement. Et l'individu qui peut embrasser d'un coup d'œil toute une existence de travail intérieur, prendra conscience avec une joie orgueilleuse de la distance surmontée, du rapprochement qui a eu lieu, et osera hasarder des espoirs plus hauts encore.

184.

ORIGINE DES PESSIMISTES. – Une bouchée de bonne nourriture décide souvent si nous regardons l'avenir avec des yeux découragés ou pleins d'espoir : cela est vrai dans les choses les plus hautes et les plus intellectuelles. Le mécontentement et les idées noires ont été *transmis* aux générations actuelles par les faméliques de jadis. Même chez nos artistes et nos poètes, on remarque souvent, malgré l'opulence de leur vie, qu'ils ne sont pas d'une bonne origine, que leur sang et leur cerveau charrient des débris du passé, des souvenirs d'ancêtres mal nourris et opprimés leur vie durant, ce qui est visible dans leurs œuvres, dans l'objet et la couleur qu'ils ont choisis. La civilisation des Grecs est une civilisation de gens qui possèdent, dont la fortune est d'origine ancienne : ils vécurent mieux que nous à travers plusieurs générations (mieux de toute manière et, avant tout, beaucoup plus simplement au point de vue de la nourriture et de la boisson) : c'est alors que le cerveau devint à la fois si plein et si subtil, alors que le sang se mit à circuler rapidement, semblable à un joyeux vin clair. Ils produisirent donc ce qu'il y a de bien et de meilleur, non plus avec des couleurs sombres, pleins d'extase et de violence, mais avec des rayonnements de beauté et de soleil.

185.

LA MORT RAISONNABLE. – Qu'est-ce qui est plus raisonnable, arrêter la machine lorsque l'œuvre qu'on lui demandait est exécutée, – ou bien la laisser marcher jusqu'à ce qu'elle s'arrête d'elle-même, c'est-à-dire jusqu'à ce qu'elle soit abîmée ? Ce dernier procédé n'est-il pas un gaspillage des frais d'entretien, un abus des forces et de l'attention de ceux qui desservent la machine ? Ne répand-on pas inutilement ce qui ailleurs serait très nécessaire ? N'est-ce pas propager une espèce de mépris à l'égard des machines en général que d'en entretenir et d'en desservir un si grand nombre inutilement ? – Je veux parler de la mort involontaire (naturelle) et de la mort volontaire (raisonnable). La mort naturelle est la mort indépendante de toute volonté, la mort proprement *déraisonnable*, où la misérable substance de l'écorce détermine la durée du noyau : où, par conséquent, le geôlier étiolé, malade et hébété est maître de déterminer le moment où doit mourir son noble prisonnier. La mort naturelle est le suicide de la nature, c'est-à-dire la destruction de l'être le plus raisonnable par la chose la plus déraisonnable qui y soit attachée. Ce n'est que si l'on se met au point de vue religieux qu'il peut en être autrement, parce qu'alors, comme de juste, la raison supérieure (Dieu) donne ses ordres, à quoi la raison inférieure doit se soumettre. Abstraction faite de la religion, la mort naturelle ne vaut pas une glorification. La sage disposition à l'égard de la mort appartient à la morale de l'avenir, qui paraît insaisissable et immorale maintenant, mais dont ce doit être un bonheur indescriptible d'apercevoir l'aurore.

186.

Regardant en arrière. – Tous les criminels forcent la société à revenir à des degrés de civilisation antérieurs à celui où elle se trouve au moment où le crime s'accomplit ; ils agissent en arrière. Que l'on songe aux instruments que la société est obligée de se créer et d'entretenir pour sa défense : au policier madré, au geôlier, au bourreau ; que l'on se demande enfin si le juge lui-même, et la punition et toute la procédure judiciaire, dans leurs effets sur le non-criminel, ne sont pas plutôt faits pour déprimer que pour élever. C'est qu'il ne sera jamais possible de prêter à la légitime défense et à la vengeance le vêtement de l'innocence ; et chaque fois que l'on utilise et sacrifie l'homme, comme un moyen pour accomplir le but de la société, toute l'humanité supérieure en est attristée.

187.

La guerre comme remède. – Aux peuples qui deviennent faibles et misérables on pourrait conseiller la guerre comme remède : à condition, bien entendu, qu'ils veuillent à toute force continuer à vivre : car, pour la consomption des peuples, il y a aussi une cure de brutalité. Mais vouloir vivre éternellement et ne pas pouvoir mourir, c'est déjà un symptôme de sénilité dans le sentiment. Plus on vit avec ampleur et supériorité, plus vite on est prêt à risquer sa vie pour un seul sentiment agréable. Un peuple qui vit et sent ainsi n'a pas besoin des guerres.

188.

Transplantation intellectuelle et corporelle comme remède. – Les différentes cultures sont des climats intellectuels dont chacun est particulièrement nuisible ou salutaire à tel ou tel organe. L'*histoire*, dans son ensemble, étant la science des différentes cultures, est la science *des remèdes*, mais non point la thérapeutique elle-même. C'est, pourquoi il faut un médecin qui utilise la science des remèdes, pour envoyer chacun dans le climat qui lui est particulièrement salutaire – pour un temps seulement, ou bien pour toujours. Vivre dans le présent, au milieu d'une seule culture, ne suffit pas comme prescription universelle, trop d'espèces d'hommes infiniment utiles qui ne peuvent pas respirer dans de bonnes conditions y périraient. A l'aide des études historiques il faut leur donner de l'*air* et chercher à les conserver ; les hommes des civilisations demeurées en arrière ont, eux aussi, leur valeur. A côté de cette cure de l'esprit il faut que l'humanité aspire, pour ce qui est des choses corporelles, à savoir, par une géographie médicale, quelles sont les dégénérescences et les maladies que provoque chaque contrée de la terre, et, au contraire, quels sont les facteurs de guérison qu'elle présente : il faut alors que les peuples, les familles et les individus soient transplantés sans cesse et jusqu'à ce qu'on se soit rendu maître des infirmités héréditaires. La terre tout entière finira par être un ensemble de stations sanitaires.

189.

L'arbre de l'humanité et la raison. – Ce qu'avec une sénile myopie vous craignez, comme un surcroît de population sur la terre, met entre les mains de ceux qui ont plus d'espoir que nous une tâche grandiose : il faut que l'humanité soit un jour un arbre qui ombragera la terre tout entière, avec plusieurs milliards de fleurs qui toutes deviendront des fruits ; c'est pourquoi il faut dès maintenant préparer la terre à nourrir cet arbre. Augmenter la sève et la force qui hâtera le développement maintenant encore *minime*, faire circuler en d'innombrables canaux cette sève nécessaire à la nutrition de l'ensemble et du particulier – de telles tâches ou de tâches semblables on peut déduire la *mesure* pour apprécier si un homme d'aujourd'hui est utile ou inutile. La tâche est sans limites, grandiose et téméraire : nous voulons tous y participer afin que l'arbre ne pourrisse pas avant le temps ! L'esprit historique réussira peut-être à se figurer, en imagination, l'être humain et l'activité humaine, semblables, dans l'ensemble du temps, à l'organisation des fourmis, à une fourmilière ingénieusement édifiée. A la juger superficiellement, toute l'humanité nous apparaît régie par l'instinct, comme l'organisation des fourmis. Mais, après un examen sévère, nous remarquons que des peuples tout entiers se sont efforcés, pendant des siècles, à découvrir et à *mettre à l'épreuve* des moyens nouveaux, par quoi l'on peut faire du bien à la grande collectivité humaine et enfin au grand arbre fruitier de l'humanité ; et, quel que soit le dommage causé pendant ces essais aux individus, aux peuples et aux époques, il y aura toujours des individus qui y auront gagné de la *sagesse*, et cette sagesse se répandra lentement sur les mesures que prendront des époques et des peuples tout entiers. Les fourmis, elles aussi, errent et se trompent ; l'humanité peut fort bien périr et dessécher avant le temps, par la folie des moyens ; il n'y a ni pour l'une, ni pour les autres un sûr instinct conducteur. Il nous faut, bien au contraire, *envisager* face à face cette tâche grandiose qui consiste à *préparer* la terre pour recevoir une plante de la plus grande et de la plus joyeuse fécondité, et c'est une tâche de la raison pour la raison !

190.

 – Entre deux chefs de bande voisins, l'on était depuis longtemps en querelle : on ravageait les récoltes, on enlevait les troupeaux, on incendiait les maisons, avec en somme, des succès douteux, puisque les deux puissances étaient à peu près égales. Un troisième, qui, par la situation isolée de ses domaines, pouvait se tenir loin de ces disputes, mais qui cependant avait des raisons pour craindre le jour où un de ces voisins querelleurs arriverait à une définitive prépondérance, s'entremit finalement avec bienveillance et solennité entre les deux partis en lutte : et secrètement il ajoutait à ses propositions de paix un poids sérieux, en donnant à entendre à chacun des deux belligérants que dorénavant il ferait cause commune avec la victime de quiconque romprait la paix. On s'assembla devant lui, on mit, avec hésitation, dans sa main, les mains qui jusqu'à présent avaient été les instruments et trop souvent les causes de la haine, – et l'on fit vraiment de sérieuses tentatives pour maintenir la paix. Chacun vit avec étonnement combien son bien-être et son aisance grandissaient soudain et que l'on trouvait, chez le voisin, au lien d'un malfaiteur perfide ou arrogant, un marchand prêt à l'achat et à la vente, il vit même que dans des cas de nécessité imprévue, on pouvait réciproquement se tirer de la détresse, au lieu d'exploiter, comme cela s'était fait jusqu'à présent, cette détresse du voisin et de la pousser à son comble si cela était possible. Il sembla même que l'espèce humaine fût depuis lors devenue plus belle dans les deux régions : car les yeux s'étaient éclairés, les fronts s'étaient débarrassés des rides et tous avaient pris confiance en l'avenir – rien n'est plus salutaire aux âmes et aux corps, chez les hommes, que cette confiance. On se revoyait tous les ans au jour de l'alliance, tant chefs que partisans, et cela en présence du médiateur, dont on admirait et vénérait la façon d'agir, plus était grand le profit qu'on lui devait. On appelait *désintéressée* cette façon d'agir – car l'on envisageait de trop près l'avantage personnel que l'on avait tiré de l'intervention, pour voir dans la façon d'agir du voisin autre chose que ce fait : les conditions d'existence de celui-ci ne s'étaient pas transformées de la même façon que celle des belligérants réconciliés par lui : elles étaient au contraire demeurées les mêmes, il semblait par conséquent qu'il n'avait pas eu son intérêt en vue. Pour la première fois on se disait que le désintéressement était une vertu : certainement, dans les petites choses privées, il s'était souvent rencontré là des cas semblables, mais on ne porta son attention sur cette vertu que lorsque, pour la première fois, elle devenait évidente comme si elle était écrite au mur en gros caractères, lisibles pour toute la communauté. Reconnues comme des vertus, affublées d'un nom, mises en formules, recommandées pour l'usage, telles furent seulement les qualités morales à partir du moment où elles décidèrent *visiblement* des destinées et du bonheur de sociétés tout entières. Depuis lors, chez *beaucoup de gens*, l'élévation des sentiments et la stimulation des forces créatrices intérieures sont devenues si grandes que l'on offre des présents à ces qualités morales, chacun apportant ce qu'il a de meilleur : l'homme sérieux met à leurs pieds son sérieux, l'homme digne sa dignité, les femmes leur douceur, les jeunes gens tout ce qui est en eux riche d'espoir et d'avenir ; le poète leur prête des paroles et des noms, les introduit dans la ronde des êtres analogues, leur attribue un tableau généalogique et finit par adorer, comme font les artistes, les créatures de son imagination comme des divinités nouvelles, – il *enseigne* même à les adorer. C'est ainsi qu'une vertu, parce que l'amour et la reconnaissance de tous y travaillent, comme à une statue, finit par devenir une agglomération de tout ce qui est bon et digne de vénération, tout à la fois une espèce de temple et de personnalité divine. Elle se dresse désormais comme une vertu spéciale, comme un être à part, ce qu'elle n'était pas jusqu'à présent, et elle exerce les droits et la puissance dont dispose une surhumanité sanctifiée. – Dans la Grèce de la décadence, les villes étaient pleines de ces abstractions divines humanisées (que l'on pardonne le mot singulier à cause de l'idée singulière) ; le peuple s'était arrangé à sa manière une espèce de « ciel des idées » à la façon platonicienne, et je ne crois pas que l'on ait eu l'impression de cet habitant céleste moins vivement que celle d'une quelconque divinité passée de mode.

191.

« Temps d'obscurité ». – On appelle en Norvège « temps d'obscurité » les époques où le soleil demeure toute la journée au-dessous de l'horizon : pendant ce temps la température s'abaisse sans cesse lentement. – Quel merveilleux symbole pour tous les penseurs devant lesquels le soleil de l'avenir humain s'est obscurci pour un temps !

192.

Le philosophe de l'opulence. – Un petit jardin, des figues, du fromage et, avec cela, trois ou quatre bons amis, – ce fut là l'opulence d'Epicure.

193.

Les époques de la vie. – Les véritables époques de la vie sont ces moments d'arrêt entre la montée et la descente d'une idée dominante ou d'un sentiment directeur. On éprouve de nouveau de la satiété : tout le reste est soif et faim – ou dégoût.

194.

Le rêve. – Nos rêves sont, pour le cas où, par exception, ils se poursuivent une fois et s'achèvent – généralement le rêve est un bousillage, – des enchaînements symbolique de scènes et d'images, en lieu et place du récit en langue littéraire. Ils modifient les événements, les conditions et les espoirs de notre vie, avec une audace et une prévision poétique qui nous étonnent toujours le matin lorsque nous nous en souvenons. Nous gaspillons trop notre sens artistique durant notre sommeil et c'est pourquoi le jour nous en sommes souvent si pauvres.

$$195.$$

Nature et science – De même que dans la nature, dans la science ce sont aussi les terrains les plus mauvais et les plus inféconds qui sont défrichés les premiers, – parce que les moyens que possède la science *commençante* suffisent à peu près à cela. L'exploitation des domaines les plus féconds a pour condition une force énorme et soigneusement développée dans les méthodes, des résultats particuliers déjà acquis et une équipe d'ouvriers organisés et bien dressés – et l'on ne trouve tout cela réuni que très tard. – L'impatience et l'ambition s'emparent souvent trop tôt de ces domaines très féconds, mais les résultats sont nuls. Dans la nature, de pareilles tentatives se paieraient chèrement, car elles feraient mourir de faim les défricheurs.

$$196.$$

Vivre simplement. – Un genre de vie simple est difficile aujourd'hui : il y faut beaucoup plus de réflexion et d'esprit inventif que n'en ont des hommes même très intelligents. Le plus honnête parmi eux dira peut-être encore : « Je n'ai pas le temps de réfléchir si longtemps à cela. Le genre de vie simple est pour moi un but trop noble, je veux attendre jusqu'à ce que de plus sages que moi l'aient trouvé. »

$$197.$$

Sommets et monticules. – La fécondité médiocre, le fréquent célibat et, en général, la froideur sexuelle chez les esprits supérieurs et les plus cultivés, ainsi que dans les classes auxquelles ils appartiennent, sont essentiels pour l'économie de l'humanité : la raison reconnaît et utilise ce fait qu'à un point extrême de développement cérébral le danger d'une progéniture *nerveuse* est très grand : de tels hommes sont les *sommets* de l'humanité, – ils ne doivent pas se prolonger en monticules.

$$198.$$

La nature ne fait pas de bonds. – Quelle que soit la rapidité que puisse prendre l'homme et bien qu'il y ait apparence du passage d'une contradiction dans une autre : en y regardant de plus près on découvrira pourtant les *pierres d'attente* qui forment le passage de l'ancien édifice au nouveau. Ceci est la tâche du biographe : il doit raisonner sur la vie conformément au principe qu'aucune nature ne fait de bonds.

$$199.$$

Proprement, il est vrai... – Celui qui s'habille de guenilles proprement lavées s'habille proprement, il est vrai, mais il n'en est pas moins en guenilles.

$$200.$$

Le solitaire parle. – On recueille en guise de récompense pour beaucoup de dégoût, de découragement, d'ennui – tel que les apporte nécessairement une solitude sans amis, sans livres, sans obligations et sans passions – un quart d'heure du plus profond recueillement que procure un retour sur soi-même et la nature. Celui qui se gare complètement contre la nature se gare aussi contre lui-même : il ne lui sera jamais donné de boire à la coupe la plus délicieuse que l'on puisse emplir à sa source intérieure.

201.

Fausse célébrité. – Je déteste ces prétendues beautés de la nature qui n'ont en somme une signification qu'au point de vue de nos connaissances, surtout de nos connaissances géographiques et qui demeurent imparfaites, lorsque nous les apprécions au point de vue de notre sens du beau : voici, par exemple, l'aspect du Mont Blanc vu de Genève – c'est quelque chose d'insignifiant quand on n'appelle pas en aide les joies cérébrales de la science ; les montagnes voisines sont toutes plus belles et plus expressives, – mais « elles sont loin d'être aussi hautes », ajoute, pour les diminuer, ce savoir absurde. Dans ce cas l'œil contredit le savoir : comment saurait-il se réjouir vraiment dans la contradiction ?

202.

Touristes. – Ils montent la montagne comme des animaux, bêtement et ruisselant de sueur ; on a oublié de leur dire qu'il y a en chemin de beaux points de vue.

203.

Trop et trop peu. – De nos jours, les hommes vivent tous beaucoup trop et ils pensent trop peu : ils ont tout à la fois la colique et une faim dévorante, c'est pourquoi ils maigrissent à vue d'œil, quelle que soit la nourriture qu'ils absorbent. – Celui qui dit maintenant : « Il ne m'est rien arrivé » – passe pour un imbécile.

204.

La fin et le but. – Toute fin n'est pas un but. La fin de la mélodie n'est pas son but : mais, malgré cela, si la mélodie n'a pas atteint sa fin, elle n'a pas atteint son but. Un symbole.

205.

Neutralité de la grande nature. – La neutralité de la grande nature plaît (celle que l'on trouve dans la montagne, la mer, la forêt, le désert), mais seulement pour peu de temps : ensuite nous commençons à devenir impatients. « Ces choses-là ne veulent-elles donc rien nous dire *à nous* ? N'existons-*nous* pas pour elles? » Le sentiment naît d'un *crimen læsæ majestatis humanæ*.

206.

Oublier les intentions. – En voyageant, on oublie généralement le but du voyage. De même que toute profession est choisie et entreprise comme moyen pour arriver à un but, mais continuée comme si elle était le but extrême. L'oubli des intentions est la bêtise la plus fréquente que l'on fasse.

207.

Ecliptique de l'idée. – Lorsqu'une idée commence à se lever à l'horizon, la température de l'âme y est généralement très froide. Ce n'est que peu à peu que l'idée développe sa chaleur, et elle est le plus intense (c'est-à-dire qu'elle fait son plus grand effet) lorsque la croyance en l'idée est déjà en décroissance.

208.

Par quoi l'on aurait tout le monde contre soi. – Si quelqu'un osait dire maintenant : « Celui qui n'est pas pour moi est contre moi », il aurait immédiatement tout le monde contre lui. – Ce sentiment fait honneur à notre temps.

209.

Avoir honte de la richesse. – Notre temps ne tolère qu'une seule espèce de riches, ceux qui sont *honteux* de leur richesse. Si l'on entend dire de quelqu'un « il est très riche », on est pris immédiatement d'un sentiment analogue à celui que l'on éprouve en face d'une maladie répugnante qui fait enfler le corps, l'hydropisie ou l'excès d'embonpoint : il faut se souvenir brutalement de son humanité, pour pouvoir fréquenter ce riche de façon à ce qu'il ne s'aperçoive pas de notre sentiment de dégoût. Mais dès qu'il s'avise de s'enorgueillir de sa richesse, notre sentiment se trouble encore d'un étonnement mêlé de compassion devant une aussi forte dose de déraison humaine : en sorte que l'on aurait envie d'élever les mains au ciel et de s'écrier : « Pauvre être déformé, accablé et enchaîné de cent façons, à qui chaque heure apporte, ou *peut apporter*, quelque chose de désagréable, dont les membres éprouvent les contre-coups de *chaque* événement qui se passe chez vingt peuples différents, comment saurais-tu nous faire croire que tu te sens à ton aise dans ta situation ? Si tu parais quelque part en public, nous savons que c'est pour toi comme si tu passais par les verges, sous des yeux qui n'ont pour toi que de la haine froide, de l'importunité ou de la silencieuse raillerie. Il se peut qu'il te soit plus facile d'acquérir qu'à un autre : mais ce que tu acquerras sera superflu et ne te procurera que peu le joie ; et *conserver* ce que tu as acquis, c'est là certainement pour toi *maintenant* une chose plus pénible encore que n'importe quelle acquisition pénible. Tu souffres *sans cesse*, car tu perds sans cesse. Que te sert-il que l'on t'amène artificiellement du sang nouveau, les ventouses n'en font pas moins mal, les ventouses placées toujours sur ta nuque ! Mais, ne soyons pas injustes, il est difficile, peut-être impossible pour toi de ne pas être riche : il *faut* que tu conserves, que tu acquières à nouveau ; le penchant héréditaire de ta nature t'impose ce *joug*, – raison de plus pour ne pas nous tromper et avoir honte, loyalement et visiblement, du joug que tu portes : vu qu'au fond de ton âme tu es honteux et mécontent de le porter. Cette honte n'est pas infamante.

210.

Excès d'arrogance. – Il y a des hommes si arrogants qu'ils ne savent pas louer un grand homme qu'ils admirent, autrement qu'en le représentant comme un degré ou un passage qui mène jusqu'à *eux-mêmes*.

211.

Sur le terrain de la honte. – Celui qui veut enlever une idée aux hommes ne se contente généralement pas de la réfuter et d'arracher le ver de l'illogisme qui la ronge : au contraire, après avoir tué le ver, il prend le fruit tout entier et le jette dans la boue, pour le rendre vil aux yeux des hommes et leur inspirer du dégoût. C'est ainsi qu'il croit avoir trouvé le moyen pour rendre impossible cette « résurrection au troisième jour » que l'on pratique si volontiers avec les idées réfutées. – Il se trompe, car c'est précisément sur le *terrain de la honte*, au milieu des immondices, que, du noyau de l'idée, poussent rapidement des germes nouveaux. – Il ne faut donc, à aucun prix, ni conspuer, ni railler ce que l'on se propose d'abolir définitivement, mais bien le poser respectueusement sur de la *glace* toujours renouvelée, en considérant que les idées ont une vie très dure. Il s'agit ici d'agir selon la maxime : « Une réfutation n'est pas une réfutation. »

212.

Sort de la moralité. – La contrainte des esprits étant en train de diminuer, il est certain que la moralité (c'est-à-dire la façon d'agir héréditaire, traditionnelle et instinctive, *conformément à des sentiments moraux*) diminue également : mais non point les vertus particulières, la modération, la justice, la tranquillité d'âme, – car la plus grande liberté pousse involontairement l'esprit conscient à ces vertus et les recommande aussi à cause de leur *utilité*.

213.

Le fanatique de la méfiance et sa garantie. – *L'Ancien :* Tu veux tenter l'impossible et instruire les hommes en grand ? Où est ta garantie ? – *Pyrrhon :* La voici : je veux mettre les hommes en garde contre moi-même, je veux confesser publiquement tous les défauts de ma nature, et découvrir devant tous les yeux mes entraînements, mes contradictions et mes sottises. Ne m'écoutez pas, leur dirai-je, avant que je ne sois devenu pareil au moindre parmi vous et encore plus petit que lui ; hérissez-vous contre la vérité tant que vous pouvez, à cause du dégoût que vous cause son défenseur. Je serai votre séducteur et votre imposteur si vous percevez encore chez moi le moindre éclat de considération et de dignité. – *L'Ancien :* Tu promets trop ; tu ne pourras pas porter ce fardeau. – *Pyrrhon :* Je dirai donc encore aux hommes que je suis trop faible et que je ne puis pas tenir ce que j'ai promis. Plus grande sera mon indignité, plus ils se méfieront de la vérité lorsqu'elle sortira de ma bouche. – *L'Ancien :* Veux-tu donc enseigner la méfiance de la vérité ? – *Pyrrhon :* Une méfiance telle qu'elle n'a jamais existé dans le monde, la méfiance à l'égard de tout et de tous. C'est là le seul chemin qui mène à la vérité. L'œil droit ne doit pas se fier à l'œil gauche et il faudra que, pendant un temps, la lumière s'appelle obscurité : c'est là le chemin qu'il vous faut suivre. Ne croyez pas qu'il vous mènera à des arbres fruitiers et auprès de saules admirables. Vous trouverez sur ce chemin de petits grains durs – ce sont les vérités : pendant des années il vous faudra avaler des mensonges par brassées pour ne pas mourir de faim : quoique vous sachiez que ce sont des mensonges. Mais ces petits grains seront semés et enfouis dans la terre et peut-être la moisson viendra-t-elle un jour : personne n'a le droit de la *promettre*, à moins d'être un fanatique. – *L'Ancien :* Ami ! ami ! Tes paroles elles aussi sont les paroles d'un fanatique ! – *Pyrrhon :* Tu as raison ! je veux être méfiant à l'égard de toutes les paroles. – *L'Ancien :* Alors il faudra que tu te taises. – *Pyrrhon :* Je dirai aux hommes qu'il faut que je me taise et qu'ils doivent se méfier de mon silence. – *L'Ancien :* Tu renonces donc à ton entreprise ? – *Pyrrhon :* Au contraire – tu viens de m'indiquer la porte par où il me faut entrer. – *L'Ancien :* Je ne sais pas trop si nous nous comprenons encore parfaitement ? – *Pyrrhon :* Probablement non. – *L'Ancien :* Pourvu que tu te comprennes bien toi-même ! – *Pyrrhon :* se retourne en riant. – *L'Ancien :* Hélas ! mon ami ! Se taire et rire – est-ce là maintenant toute ta philosophie ? – *Pyrrhon :* Ce ne serait pas la plus mauvaise. –

214.

Livres européens. – Quand on lit Montaigne, La Rochefoucauld, La Bruyère, Fontenelle (particulièrement les *Dialogues des Morts*), Vauvenargues, Chamfort, on est plus près de l'antiquité qu'avec n'importe quel groupe de six auteurs d'un autre peuple. Par ces six écrivains l'esprit des *derniers siècles* de l'ère *ancienne* a revécu à nouveau, – réunis ils forment un chaînon important dans la grande chaîne continue de la Renaissance. Leurs livres s'élèvent au-dessus du changement dans le goût national et des nuances philosophiques, où chaque livre croit devoir scintiller maintenant pour devenir célèbre ; ils contiennent plus *d'idées véritables* que tous les ouvrages de philosophie allemande ensemble : des idées de cette espèce particulière qui crée des idées et qui... je suis embarrassé pour finir ma définition ; bref, ces écrivains me semblent n'avoir écrit ni pour les enfants ni pour les exaltés, ni pour les jeunes vierges ni pour les chrétiens, ni pour les Allemands, ni pour... me voici encore embarrassé pour terminer ma liste. – Mais pour formuler une louange bien intelligible, je dirai qu'écrites en grec leurs œuvres eussent été comprises par des Grecs. Combien, par contre, un Platon lui-même aurait-il pu *comprendre* des écrits de nos meilleurs penseurs allemands, par exemple de Gœthe et de Schopenhauer, pour ne point parler de la répugnance que lui eût inspirée leur façon d'écrire, – je veux dire ce qu'ils ont d'obscur, d'exagéré et parfois de sec et de figé – ce sont là des défauts dont ces deux écrivains souffrent le moins parmi les penseurs allemands et ils en souffrent trop encore ! (Gœthe, en tant que penseur a plus volontiers étreint les nuages qu'on ne le souhaiterait, et ce n'est pas impunément que Schopenhauer s'est promené presque toujours parmi les symboles des choses plutôt que parmi les choses elles-mêmes). – Par contre, quelle clarté et quelle précision délicate, chez ces Français ! Les Grecs les plus subtils auraient été forcés d'approuver cet art et il y a une chose qu'ils auraient même admirée et adorée, la *malice* française de l'expression : ils *aimaient* beaucoup ce genre de choses sans y être précisément très forts.

215.

Mode et moderne. – Partout où l'ignorance, la malpropreté et la superstition sont encore coutumières, partout où le commerce est faible, l'agriculture misérable, le clergé puissant, on rencontre encore les *costumes nationaux*. Par contre la *mode* règne là où l'on trouve les indices du contraire. La mode se rencontre donc à côté des *vertus* de l'Europe actuelle : en serait-elle véritablement le revers ? – Le costume masculin qui se conforme à la mode et non plus au caractère national exprime d'abord chez celui qui le porte, que l'Européen ne veut se faire remarquer, ni comme *individu* ni comme représentant d'une classe et d'un peuple, qu'il s'est fait une loi de l'atténuation intentionnelle de ces sortes de vanités ; ensuite qu'il est laborieux et qu'il n'a pas beaucoup de temps pour s'habiller et se parer, et aussi que tout ce qui est précieux et luxueux dans l'étoffe et l'agencement des plis se trouve en désaccord avec son travail ; et enfin que par son costume il veut indiquer que les professions savantes et intellectuelles sont celles dont il se sent ou aimerait se sentir le plus près, en tant qu'homme européen : tandis qu'à travers les costumes nationaux qui existent encore transparaît le brigand, le berger ou le soldat, qui, de la sorte, seraient envisagés comme les conditions les plus désirables, celles qui donnent le ton. Il y a ensuite, dans les limites tracées par le caractère général des modes masculines, les petites oscillations produites par la vanité des jeunes hommes, les élégants et les oisifs des grandes villes, de ceux donc qui, en tant qu'hommes européens, *n'ont pas encore atteint leur maturité.* – Les femmes européennes y sont parvenues bien moins encore, c'est pourquoi chez elles les oscillations sont bien plus grandes : elles aussi ne veulent pas affirmer leur nationalité et détestent de voir démasquée, d'après le costume, leur qualité d'Allemande, de Française, ou de Russe, mais, en tant qu'individualité, il leur plaît de frapper la vue ; de même personne, à la façon dont elles sont vêtues, ne doit conserver un doute sur la classe de la société dont elles font partie (c'est la « bonne » société, la classe « supérieure », le « grand » monde), et elles tiendront d'autant plus à ce que l'on soit prévenu en leur faveur, dans ce sens, qu'elles n'appartiennent pas véritablement à cette classe ou qu'elles y appartiennent à peine. Mais avant tout la jeune femme ne veut rien porter de ce que porte la femme plus âgée parce que, en faisant soupçonner qu'elle compte quelques années de plus, elle croit qu'elle sera moins appréciée : la femme âgée, pour sa part, voudrait, par une toilette juvénile, faire illusion tant qu'il est possible, – une rivalité d'où il résulte toujours des modes où le caractère juvénile s'affirme d'une façon visible et inimitable. Lorsque l'esprit inventif des jeunes femmes artistes s'est complu pendant un certain temps à faire étalage de la jeunesse, ou, pour dire toute la vérité : lorsque l'on est de nouveau revenu à l'esprit inventif des anciennes civilisations de cour, pour s'en inspirer, ainsi qu'à celui des nations contemporaines et, en général, à tout l'univers costumé, lorsque l'on a accouplé l'Espagnol, le Turc et l'Antiquité grecque, pour faire étalage des belles chairs, on finit par découvrir toujours à nouveau que l'on n'a pas su agir au mieux de ses intérêts, et que, pour faire impression sur les hommes, le jeu de cache-cache avec les beautés du corps est plus heureux que la probité nue ou demi-nue ; et dès lors la roue du bon goût et de la vanité recommence encore une fois à tourner dans le sens inverse : les jeunes femmes un peu plus âgées trouvent que leur règne est venu et la lutte des êtres les plus gracieux et les plus absurdes recommence de plus belle. Mais plus se développe la personnalité des femmes qui dès lors n'accordent plus la prééminence parmi elles à des personnes qui n'ont pas atteint leur maturité, plus deviennent faibles ces oscillations dans le costume, plus leurs toilettes deviennent simples. Il est évident que l'on n'a pas le droit d'émettre un jugement sur ces toilettes en s'inspirant des modèles antiques, on ne peut donc pas prendre comme mesure le vêtement des habitants des côtes méridionales, mais il faut considérer les conditions climatériques des régions moyennes et septentrionales, de celles où le génie inventif de l'Europe, pour ce qui concerne les formes et les idées, a sa plus chère patrie. – Dans l'ensemble, ce ne sera donc pas le *changement* qui caractérisera la *mode* et la *modernité*, car le changement est quelque chose de rétrograde et désigne les Européens, hommes et femmes, qui ne sont pas encore parvenus à leur maturité : ce sera bien au contraire la négation de tout ce qui est vanité *nationale*, vanité de la *caste* et de *l'individu*. En conséquence, il est louable, parce que l'on y économise de la force et du temps, que ce soient certaines villes et contrées de l'Europe, qui, pour ce qui en est du vêtement, pensent et inventent, en lieu et place de toutes les autres, car il faut considérer que le sens de la forme n'est pas communément donné à tout le monde : aussi n'est-ce point une ambition trop exagérée si Paris, par exemple, revendique, tant que ces oscillations continuent à subsister, le droit d'être la seule ville qui invente et innove sur ce domaine. Si un Allemand, par haine contre les revendications d'une ville française, veut s'habiller autrement et porter par exemple l'accoutrement d'Albert Dürer, il lui faudra considérer que, bien qu'il porte un costume qui était celui des Allemands d'autrefois, celui-ci n'aura néanmoins pas été inventé par les Allemands, – car il n'a jamais existé de costume qui pût caractériser l'Allemand en tant qu'Allemand ; il fera d'ailleurs bien de se rendre compte de l'air qu'il aura ainsi vêtu et de l'anachronisme que ce serait de montrer, sur un vêtement à la Dürer, une tête toute moderne, avec les lignes et les plis de caractère que le dix-neuvième siècle y a creusés. – Les mots « moderne », « européen » étant ici presque équivalents, on entend par Europe des étendues de territoire bien plus grandes que celles qu'embrasse l'Europe géographique, la petite presqu'île de l'Asie : il faut surtout comprendre l'Amérique, en tant qu'elle est fille de notre civilisation. D'autre part, ce n'est pas l'Europe tout entière qui tombe sous la définition que l'on donne de l' « Europe » au point de vue de la civilisation, mais seulement ces peuples et ces fractions de peuples qui ont un passé commun dans la Grèce et la Rome anciennes, dans le judaïsme et le christianisme.

216.

LA « VERTU ALLEMANDE ». – Il est indéniable que depuis la fin du siècle dernier un courant de réveil moral a traversé l'Europe. C'est alors seulement que la vertu recommença d'être éloquente ; elle apprit à trouver les gestes sans contrainte de l'exaltation, de l'émotion, elle n'eut plus honte d'elle-même et elle imagina des philosophies et des poèmes pour se glorifier elle-même. Si l'on recherche les sources de ce courant, on trouve d'une part Rousseau, mais le Rousseau mystique, que l'on avait créé d'après l'impression laissée par ses œuvres – on pourrait presque dire : ses œuvres interprétées d'une façon mystique – et d'après les indications données par lui-même (lui et son public travaillèrent sans cesse à créer cette figure idéale). L'autre origine se trouve dans la résurrection du grand latinisme stoïque par quoi les Français ont continué de la façon la plus digne l'œuvre de la Renaissance. Ils passèrent, avec un succès merveilleux, de l'imitation des formes antiques à l'imitation des caractères antiques : ce qui leur confère à tout jamais un droit aux distinctions les plus hautes, car ils sont le peuple qui a donné jusqu'à présent à l'humanité nouvelle les meilleurs livres et les meilleurs hommes. Comment ce double exemple, celui du Rousseau mystique et celui de l'esprit romain ressuscité, a-t-il agi sur les peuples voisins plus faibles ? On peut le constater surtout en Allemagne : car là, par suite d'un nouvel élan tout à fait extraordinaire vers un but sérieux et grand, dans la volonté et la domination de soi, on a fini par se mettre en extase devant sa propre vertu et par jeter dans le monde l'idée de « vertu allemande », comme s'il ne pouvait rien exister de plus original et de plus personnel que celle-ci. Les premiers grands hommes qui adoptèrent cette impulsion française vers des idées de noblesse et de conscience dans la volonté morale étaient animés d'une plus grande loyauté et n'oublièrent pas la reconnaissance. Le moralisme de Kant – d'où vient-il ? Kant ne cesse pas de le faire entendre : de Rousseau et de la Rome stoïque ressuscitée. Le moralisme de Schiller : même source et même glorification de la source. Le moralisme de Beethoven dans la musique : c'est l'éternelle louange de Rousseau, des Français antiques et de Schiller. Mais plus tard ce fut le « jeune homme allemand » qui oublia la reconnaissance ; car, durant les années qui s'étaient écoulées, on avait prêté l'oreille aux prédicateurs de la haine anti-française : et ce jeune homme allemand se fit remarquer pendant un certain temps par plus de conscience que l'on n'en croit permise chez d'autres jeunes gens. Lorsqu'il voulait rechercher ses pères intellectuels, il avait le droit de songer à ses compatriotes, à Schiller, à Fichte et à Schleiermacher : mais il aurait dû chercher ses grands-pères à Paris et à Genève, et il fallait avoir la vue bien courte pour croire, comme lui, que la vertu n'était pas âgée de plus de trente ans. C'est alors que l'on s'habitua à exiger qu'en prononçant le mot « allemand » le mot vertu fût sous-entendu : et jusqu'à nos jours on ne s'est pas encore complètement déshabitué de ce travers. – Ce réveil moral, soit dit en passant, n'a fait que porter préjudice à la *connaissance* des phénomènes moraux, comme on pourrait presque le deviner, et il n'a pas manqué non plus de provoquer des mouvements rétrogrades. Qu'est toute la philosophie morale allemande depuis Kant, avec toutes ses ramifications françaises, anglaises et italiennes ? Un attentat mi-théologique contre Helvétius, un désaveu formel de la liberté du regard, lentement et péniblement conquise, de l'indication du bon chemin qu'Helvétius avait fini par exprimer et résumer de la façon qu'il fallait. Jusqu'à nos jours Helvétius est, en Allemagne, le mieux honni parmi tous les bons moralistes et tous les hommes bons.

217.

Classique et romantique. – Les esprits, au sens classique, tout aussi bien que les esprits au sens romantique – les deux espèces existeront toujours – portent en eux une vision de l'avenir : mais la première catégorie fait jaillir cette vision de la *force* de son temps, la seconde de sa *faiblesse*.

218.

L'ᴇɴsᴇɪɢɴᴇᴍᴇɴᴛ ᴅᴇ ʟᴀ ᴍᴀᴄʜɪɴᴇ. – La machine enseigne sur elle-même l'enchaînement des foules humaines, dans les actions où chacun n'a qu'une seule chose à faire : elle donne le modèle d'une organisation des partis et de la tactique militaire en cas de guerre. Par contre elle n'enseigne pas la souveraineté individuelle : elle fait une seule machine du grand nombre et de chaque individu un instrument à utiliser en vue d'un seul but. Son effet le plus général, c'est d'enseigner l'utilité de la centralisation.

219.

Pᴀs sᴇᴅᴇɴᴛᴀɪʀᴇ. – Quel que soit le plaisir que nous prenions à habiter dans une petite ville, nous nous sentons poussés, de temps en temps, à cause d'elle, à fuir dans la nature la plus solitaire et la plus cachée : c'est le cas, lorsque nous croyons trop bien connaître la petite ville. Mais alors, pour nous *reposer* de *cette* nature, nous finissons par retourner dans la grande ville. Il nous suffit d'en boire quelques gorgées pour deviner la lie qui se trouve au fond de sa coupe, – et le cercle des déplacements recommence, avec la petite ville au début. – C'est ainsi que vivent les hommes modernes : en toutes choses, ils ont un peu trop de *profondeur* pour être *sédentaires*, comme les hommes des autres temps.

220.

Rᴇ́ᴀᴄᴛɪᴏɴ ᴄᴏɴᴛʀᴇ ʟᴀ ᴄᴜʟᴛᴜʀᴇ ᴅᴇs ᴍᴀᴄʜɪɴᴇs. – La machine, produit elle-même de la plus haute capacité intellectuelle, ne met en mouvement, chez les personnes qui la desservent, que les forces inférieures et irréfléchies. Il est vrai que son action déchaîne une somme de forces énorme qui autrement demeurerait endormie ; mais elle n'incite pas à s'élever, à faire mieux, à devenir artiste. Elle rend *actif* et *uniforme*, mais ceci produit à la longue un effet contraire : un ennui désespéré s'empare de l'âme qui apprend à aspirer, par la machine, à une oisiveté mouvementée.

221.

Lᴇ ᴄᴏ̂ᴛᴇ́ ᴅᴀɴɢᴇʀᴇᴜx ᴅᴜ ʀᴀᴛɪᴏɴᴀʟɪsᴍᴇ. – Toutes ces choses folles plus qu'à moitié, histrionesques, bestialement cruelles, voluptueuses et surtout sentimentales, ces choses toutes pleines d'une ivresse de soi qui, réunies, composent la véritable *substance révolutionnaire* et qui, avant la Révolution, s'étaient incarnées en Rousseau, – tout cet assemblage finit encore, avec un enthousiasme perfide, par élever au-dessus de sa tête fanatique le *rationalisme* qui acquit ainsi comme un rayonnement de gloire. Ce rationalisme qui, de par son essence, est si étranger à toutes ces choses, livré à lui-même, aurait passé comme un rayon de lumière qui traverse les nuages, et se serait contenté longtemps de ne transformer que les individus, de sorte que, sous son impulsion, les mœurs et les institutions des peuples ne se seraient aussi transformées que très lentement. Mais, lié à un organisme violent et impétueux, le rationalisme devint lui-même violent et impétueux. Par là, le danger qu'il présente est devenu presque plus grand que l'utilité libératrice et la clarté amenées par lui dans le vaste mouvement révolutionnaire. Celui qui comprend cela saura aussi de quelle confusion il faut dégager le rationalisme, de qu'elles impuretés il faut le purger, pour *continuer* ensuite *sur* soi-même l'œuvre commencée par lui et pour étouffer, après coup, dans son germe, la révolution, pour la rendre invisible.

222.

LA PASSION AU MOYEN AGE. – Le moyen âge est l'époque des plus grandes passions. Ni l'antiquité, ni notre temps ne possèdent cette extension de l'âme : la *capacité* de celle-ci ne fut jamais plus grande et jamais on n'a mesuré à une échelle aussi grande. La structure physique de la forêt vierge, propre aux peuples barbares, les yeux d'une spiritualité maladive, hallucinés et trop brillants, propres aux disciples chrétiens du mystère, l'allure enfantine et très jeune, tout aussi bien que la maturité trop grande et la sénilité, la brutalité de la bête fauve et l'excès de délicatesse et de raffinement qui sont le propre de l'âme dans l'antiquité tardive, – tout cela se trouvait alors fréquemment réuni en une seule personne : c'est pourquoi, lorsqu'il arrivait que quelqu'un fût pris de passion, il fallait que les bonds du sentiment fussent plus formidables, le tourbillon plus embrouillé, la chute plus profonde que jamais. – Nous autres hommes modernes, nous devons être satisfaits du recul qu'il y a eu sur ce domaine.

223.

PILLER ET ÉCONOMISER. – Tous les monuments intellectuels réussissent, lorsqu'ils ont pour conséquence, chez les riches, l'espoir de pouvoir piller, chez les pauvres, l'espoir de pouvoir économiser. C'est pourquoi, par exemple, la Réforme allemande a fait des progrès.

224.

AMES JOYEUSES. – Lorsque, après boire, au moment où l'ivresse commence, on faisait allusion, ne fût-ce que de loin, à quelque saleté d'espèce malodorante, l'âme des vieux Allemands se réjouissait, – autrement ils étaient d'humeur chagrine. Mais là leur compréhension intime était éveillée.

225.

ATHÈNES DÉRÉGLÉE. – Lors que la populace d'Athènes eut, elle aussi, ses poètes et ses penseurs, le dérèglement grec garda cependant encore une apparence plus idyllique et plus distinguée que le dérèglement romain et allemand. La voix de Juvénal aurait résonné là-bas comme une trompette creuse : un petit rire aimable et presque enfantin lui aurait répondu.

296.

SAGESSE DES GRECS. – La volonté de vaincre et de dominer étant un trait invincible de la nature, plus ancien et plus original que l'estime et la joie de la parité, l'Etat grec a sanctionné la lutte gymnastique et musicale entre égaux, délimitant ainsi une arène où cet instinct pouvait se décharger, sans mettre en danger l'ordre politique. Lorsque les concours de musique et de gymnastique dégénérèrent définitivement, l'Etat grec fut saisi de troubles intérieurs et se désagrégea.

227.

« L'ÉTERNEL ÉPICURE ». – Epicure a vécu de tous temps et il vit encore, inconnu à ceux qui s'appelaient ou qui s'appellent épicuriens, et sans réputation auprès des philosophes. Aussi a-t-il oublié lui-même son propre nom : c'était le plus lourd bagage qu'il ait jamais jeté loin de lui.

228.

LE STYLE DE LA SUPÉRIORITÉ. – La manière de parler des étudiants allemands s'est formée parmi les étudiants qui n'étudient pas et qui savent s'acquérir une sorte de prépondérance sur leurs camarades plus sérieux, en montrant le côté mascarade que l'on trouve dans ce qui est culture, décence, érudition, ordre, modération, tout en continuant, il est vrai, sans cesse, à se servir des expressions utilisées sur ces domaines, comme font les meilleurs et les plus savants, mais cela avec de la méchanceté dans le regard et une grimace offensante. C'est ce langage de la supériorité – le seul qui soit original en Allemagne – que parlent aussi, involontairement, les hommes d'Etat et les critiques des journaux : c'est une perpétuelle manie de la citation ironique, avec des coups d'œil inquiets et mécontents à droite et à gauche, une langue allemande faite de guillemets et de grimaces.

229.

CEUX QUI S'ENTERRENT. – Nous nous retirons à l'écart, non point peut-être pour quelque raison de mauvaise humeur personnelle, comme si nous n'étions point satisfaits des conditions politiques et sociales du présent, mais bien plutôt pour économiser et amasser, par notre retraite, des forces dont la culture aura *plus tard* absolument besoin, et cela dans la mesure où le présent d'aujourd'hui sera *ce* présent et, comme tel, accomplira sa tâche. Nous formons un capital et nous cherchons à le mettre à l'abri, mais de même qu'à des époques tout à fait dangereuses, en l'*enfouissant* sous terre.

230.

TYRANS DE L'ESPRIT. – A notre époque, tout individu qui serait l'expression d'un seul trait moral, aussi nettement que le sont les personnages de Théophraste et de Molière, passerait pour malade et serait accusé d'avoir une « idée fixe ». L'Athènes du troisième siècle, si nous pouvions nous y rendre, nous semblerait habitée par des fous. Aujourd'hui règne, dans chaque cerveau, la démocratie des *idées*, – plusieurs idées y sont *ensemble* le maître ; si une seule idée voulait dominer, on l'appellerait « idée fixe ». C'est là notre façon de tuer les tyrans, – nous évoquons la maison d'aliénés.

231.

L'ÉMIGRATION LA PLUS DANGEREUSE. – En Russie, il y a une émigration de l'intelligence : on passe la frontière pour lire et pour écrire de bons livres. Mais on en arrive par là à transformer toujours davantage la patrie abandonnée par l'esprit, en une sorte de gueule avancée de l'Asie qui aimerait dévorer la petite Europe.

232.

LA FOLIE DE L'ETAT. – L'amour presque religieux pour la personne du roi fut transporté chez les Grecs sur la *polis*, lorsque ce fut fini de la royauté. Une idée supporte plus d'amour qu'une personne et surtout elle crée moins de déceptions à celui qui aime (– car plus les hommes se savent aimés, plus ils manquent généralement d'égards, jusqu'à ce qu'ils finissent par ne plus être dignes de l'amour et qu'il se produise une scission). C'est pourquoi la vénération pour la *polis* et l'Etat fut plus grande que ne fut jamais auparavant la vénération pour les princes. Les

Grecs sont les *fous de l'Etat* de l'histoire ancienne, – dans l'histoire moderne ce sont d'autres peuples.

233.

Contre ceux qui ne ménagent pas leurs yeux. – Ne serait-il pas possible de démontrer dans les classes cultivées en Angleterre qui lisent le *Times* une diminution de l'acuité visuelle qui irait grandissant de dix ans en dix ans ?

234.

Grandes œuvres et grande foi. – Celui-ci possédait les grandes œuvres, mais son compagnon possédait la grande foi en ces mêmes œuvres. Ils étaient inséparables, mais il était visible que le premier dépendait complètement du second.

235.

L'homme sociable. – « Je me trouve mal de moi-même », disait quelqu'un pour expliquer son penchant pour la société. « L'estomac de la société est meilleur que le mien, il me supporte. »

236.

Fermer les yeux de l'esprit. – Si l'on est exercé et habitué à réfléchir à ses actions, on sera cependant forcé de fermer l'œil intérieur pendant l'action (ne fût-ce qu'en écrivant une lettre, en mangeant ou en buvant). Même dans la conversation avec des hommes de la moyenne, il faut s'entendre à *penser* en fermant les yeux de l'esprit, – car c'est la seule façon d'atteindre et de comprendre la pensée moyenne. Cette action de clore les yeux peut s'accomplir d'une façon sensible et volontaire.

237.

La vengeance la plus terrible. – Lorsque l'on veut à tout prix se *venger* d'un adversaire, il faut attendre jusqu'à ce que l'on ait entre les mains beaucoup de vérités et de jugements dont on pourra froidement se servir contre lui, de sorte que : exercer la vengeance équivaut à exercer la justice. C'est là la façon la plus épouvantable de vengeance : elle n'a au-dessus d'elle aucune instance à quoi elle pourrait encore appeler. C'est ainsi que Voltaire se vengea de Piron, avec cinq lignes qui prononcent un jugement sur toute sa vie, toute son œuvre et toute son activité : autant de mots, autant de vérités ; c'est ainsi qu'il se vengea aussi de Frédéric le Grand (dans une lettre qu'il lui adressa de Ferney).

238.

L'impôt du luxe. – On achète dans les magasins les choses nécessaires et les plus indispensables et on les paye fort cher, car on vous fait payer en même temps ce qu'il y a encore d'autre à vendre et qui ne trouve que rarement acquéreur : les objets de luxe et les choses superflues. C'est ainsi que le luxe met un impôt continuel sur les choses simples qui peuvent se passer de lui.

239.

Pourquoi les mendiants vivent encore. — Si toutes les aumônes n'étaient données que par pitié, tous les mendiants seraient déjà morts de faim.

240.

Pourquoi les mendiants vivent encore. — La plus grande dispensatrice d'aumônes c'est la lâcheté.

241.

Comment le penseur utilise une conversation. — Sans être précisément un écouteur, on peut entendre beaucoup si l'on a appris à bien voir, tout en se perdant de vue pour un certain temps. Mais les hommes ne savent pas utiliser une conversation ; ils mettent beaucoup trop d'attention à ce qu'ils veulent dire et répondre, tandis que le véritable *auditeur* se contente parfois de répondre provisoirement et de *dire* simplement quelque chose, comme un acompte fait à la politesse, emportant par contre dans sa mémoire pleine de cachettes tout ce que l'autre a formulé, plus le ton et l'attitude qu'il mit dans son discours. — Dans la conversation habituelle chacun croit mener la discussion, comme si deux vaisseaux qui naviguent l'un à côté de l'autre et qui se donnent un petit choc de temps en temps avaient l'illusion de précéder on même de remorquer le vaisseau voisin.

242.

L'art de s'excuser. — Lorsque quelqu'un veut s'excuser devant nous, il faut qu'il s'y prenne très habilement : car autrement il risque de nous persuader que c'est nous qui sommes fautifs, ce qui nous produit une impression désagréable.

243.

Relations impossibles. — Le vaisseau de tes idées a trop de tirage pour que tu puisses naviguer sur les eaux de ces personnes cordiales, honnêtes et avenantes. Il y a là trop de bas-fonds et de bancs de sable : il te faudrait louvoyer et biaiser et être dans un embarras continuel, et ces personnes s'embarrasseraient également à cause de ton embarras, dont elles ne sauraient deviner la cause.

244.

Le renard des renards. — Un véritable renard n'appelle pas seulement trop verts les raisins qu'il ne peut atteindre, mais encore ceux qu'il atteint et dont il prive les autres.

245.

Dans les relations intimes. — Quelle que soit l'étroite communion qui règne parmi certains hommes, sous leur horizon commun il y aura toujours pour eux quatre orientations différentes et à certaines heures ils s'en apercevront.

246.

Le silence du dégout. – Voici quelqu'un qui, en tant que penseur et en tant qu'homme, subit une transformation profonde et douloureuse et en rend un témoignage public. Mais les auditeurs ne s'en aperçoivent pas et s'imaginent qu'il est resté le même ! – Cette expérience douloureuse a déjà inspiré du dégoût à maint écrivain : il avait estimé trop haut l'intellectualité des hommes et à partir du moment où il s'est aperçu de son erreur, il s'est promis de se taire.

247.

Sérieux des affaires. – Les affaires de certain homme riche et noble sont sa façon de se *reposer* d'une trop longue *oisiveté* tournée à l'habitude : c'est pourquoi il les traite avec autant de sérieux et de passion que font d'autres gens de leurs rares loisirs et de leurs occupations d'amateur.

248.

Ambiguïté. – De même qu'il passe parfois sur l'eau qui s'étend à tes pieds un petit tremblement brusque qui la fait miroiter, comme si elle était couverte d'écailles, de même on trouve parfois dans l'œil humain de ces incertitudes soudaines et de ces ambiguïtés, où l'on se demande : est-ce un frémissement ? est-ce un sourire ? est-ce l'un et l'autre ?

249.

Positif et négatif. – Ce penseur n'a besoin de personne pour le réfuter : il s'en charge lui-même.

250.

La vengeance des filets vides. – Méfiez-vous de toutes les personnes affligées d'un sentiment amer pareil à celui du pêcheur qui, après une journée de labeur pénible, revient le soir avec les filets vides.

251.

Ne pas faire valoir son droit. – Il faut user bien des peines à exercer la puissance et beaucoup de courage y est nécessaire. C'est pourquoi il y a tant de gens qui ne font pas valoir leur bon droit, puisque ce droit est une *sorte de puissance* et qu'ils sont trop paresseux ou trop lâches pour l'exercer. *Mansuétude et patience*, ainsi nomme-t-on les vertus qui couvrent ce défaut.

252.

Porteurs de lumière. – Il n'y aurait pas de rayons de soleil dans la société si les cajoleurs de naissance ne les y faisaient pénétrer, je veux parler des gens aimables.

253.

Le plus charitable. – L'homme est le plus charitable lorsque l'on vient de lui rendre un grand hommage et qu'il a un peu mangé.

254.

Vers la lumière. – Les hommes se pressent vers la lumière, non pour mieux voir, mais pour mieux briller. On considère volontiers comme une lumière celui devant qui l'on brille.

255.

L'hypocondriaque. – L'hypocondriaque est un homme qui possède assez d'esprit et de joie de l'esprit pour prendre au sérieux ses souffrances, ses pertes, ses défauts : mais le domaine sur lequel il cherche sa nourriture est trop petit ; il le dépouille tellement qu'il lui faut chercher brin d'herbe par brin d'herbe. Cela finit par le rendre envieux et avare, – et c'est alors seulement qu'il est insupportable.

256.

Restituer. – Hésiode conseille de restituer au voisin qui nous a aidés, dès que nous le pouvons, en une plus large mesure. Car le voisin prend grand plaisir à voir sa bienveillance de jadis lui rapporter des intérêts ; mais celui qui restitue a, lui aussi, son plaisir, en ce sens qu'il rachète la petite humiliation qu'il a dû subir jadis en se laissant aider par le petit avantage que lui donnent ses largesses.

257.

Plus subtil qu'il n'est nécessaire. – L'esprit d'observation que nous mettons à reconnaître si les autres s'aperçoivent de nos faiblesses est beaucoup plus subtil que l'esprit d'observation que nous mettons à reconnaître les faiblesses des autres : d'où il résulte par conséquent que notre esprit d'observation est plus subtil qu'il n'est nécessaire.

258.

Une espèce d'ombre claire. – Immédiatement à côté des hommes tout à fait nocturnes se trouve généralement, comme liée à eux, une âme de lumière. Celle-ci est en quelque sorte une ombre négative que jettent ceux-ci.

259.

Ne pas se venger ? – Il y a tant de façons subtiles de la vengeance que quelqu'un qui aurait des motifs de se venger pourrait en somme agir comme il lui plairait : tout le monde sera d'accord au bout d'un certain temps pour dire qu'il s'est vengé. La passivité qui consiste à ne pas se venger ne dépend donc pas du bon vouloir d'un homme : celui-ci n'a pas même le droit d'exprimer *son désir* de ne pas se venger, le mépris de la vengeance étant interprété et *considéré* comme une vengeance sublime et très sensible. – D'où il résulte qu'il ne faut rien faire de *superflu*.

260.

Erreur de ceux qui vénèrent. – Chacun croit dire à un penseur quelque chose qui l'honore et qui lui est agréable en lui montrant qu'il est arrivé, de lui-même, exactement, à la même pensée et, plus encore, à la même expression de la pensée ; et pourtant il est fort rare que le penseur se réjouisse d'une pareille communication, bien au contraire, il arrive souvent qu'il devienne alors méfiant de sa pensée et de l'expression de celle-ci : il décide, à part lui, de les soumettre un jour toutes deux à une révision. – Lorsque l'on veut faire honneur à quelqu'un il faut se garder d'exprimer une concordance : elle place à un même niveau. – Dans beaucoup de cas, c'est affaire d'habileté mondaine d'écouter une opinion comme si elle n'était pas la nôtre, et même comme si elle dépassait notre horizon : par exemple lorsqu'un vieillard plein d'expérience ouvre une fois par exception les tiroirs de sa sagesse.

261.

Lettre. – La lettre est une visite qui ne se fait pas annoncer, le facteur est l'intermédiaire de ces surprises impolies. On devrait avoir tous les huit jours une heure pour recevoir sa correspondance et prendre chaque fois un bain après.

262.

Prévenir contre soi-même. – Quelqu'un disait : je suis *prévenu contre moi-même* depuis ma plus tendre enfance : c'est pourquoi je trouve dans chaque blâme un peu de vérité, dans chaque louange un peu de bêtise. J'estime généralement trop bas le blâme et trop haut la louange.

263.

Chemin de l'égalité. – Une heure d'ascension dans les montagnes fait d'un gredin et d'un saint deux créatures à peu près semblables. La fatigue est le chemin le plus court vers l'*égalité* et la *fraternité* – et durant le sommeil la *liberté* finit par s'y ajouter.

264.

Calomnie. – Si l'on trouve la trace d'une mise en suspicion vraiment infamante il ne faut jamais en chercher la source chez ses *ennemis* loyaux et simples ; car, si ceux-ci inventaient sur notre compte une pareille chose, étant nos ennemis, ils ne trouveraient pas créance. Mais ceux à qui nous avons été le plus utiles pendant un certain temps et qui, pour une raison quelconque, peuvent être secrètement certains de ne plus rien obtenir de nous, – ceux-là sont capables de mettre une infamie en circulation : ils trouvent créance, d'une part parce que l'on admet qu'ils n'inventeraient rien qui pourrait leur nuire personnellement, d'autre part puisqu'ils ont appris à nous connaître de plus près. – Pour se consoler, celui qui est ainsi calomnié peut se dire : les calomnies sont des maladies des autres qui éclatent sur ton propre corps ; elles démontrent que la société est un seul organisme (moral), de sorte que tu peux entreprendre *sur toi-même* la cure qui doit être utile *aux autres*.

265.

Le ciel des enfants. – Le bonheur des enfants est un mythe tout aussi bien que le bonheur des hyperboréens dont parlent les Grecs. Si vraiment le bonheur habite sur la terre, se disaient ceux-ci, ce doit être certainement aussi loin que possible de nous, peut-être là-bas, aux confins de la terre. Les hommes d'un certain âge pensent de même : si vraiment l'homme peut être heureux, c'est certainement aussi loin que possible de *notre âge*, aux limites et au début de la vie. Pour certains hommes l'aspect de l'enfant, à travers le voile de ce mythe, est la plus grande joie qu'il puisse avoir : il entre lui-même sous les parvis du ciel en disant : « Laissez venir à moi les petits enfants, car c'est à eux qu'appartient le royaume des cieux. » – Le mythe du ciel des enfants a cours, d'une façon ou d'une autre, partout où il y a dans le monde moderne quelque chose comme de la sentimentalité.

266.

Les impatients. – C'est justement celui qui est dans son devenir qui ne veut pas admettre le devenir : il est trop impatient pour cela. Le jeune homme ne veut pas attendre jusqu'à ce que, après de longues études, des souffrances et des privations, son image des hommes et des choses devienne complète : il accepte donc de confiance une autre image entièrement terminée et qu'on lui offre, il l'accepte, comme s'il y trouvait d'avance les lignes et les couleurs de *son* tableau ; il se jette à la face d'un philosophe, d'un poète, et pendant longtemps il faut qu'il fasse des corvées et qu'il se renie lui-même. Il apprend ainsi beaucoup de choses, mais souvent il y oublie aussi ce qui est le plus digne d'être appris – la connaissance de soi-même ; il reste par conséquent un partisan durant toute sa vie. Hélas ! il faut surmonter beaucoup d'ennui et travailler à la sueur de son front jusqu'à ce que l'on ait trouvé ses couleurs, son pinceau, sa toile ! – Et l'on est encore bien loin alors d'être maître de son art de vivre, – mais on travaille du moins, en maître, dans son propre atelier.

267.

Il n'y a pas d'éducateurs. – En tant que penseur on ne devrait parler que d'éducation de soi. L'éducation de la jeunesse dirigée par les autres est, soit une expérience entreprise sur quelque chose d'inconnu et d'inconnaissable, soit un nivellement par principe, pour *rendre* l'être nouveau, quel qu'il soit, conforme aux habitudes et aux usages régnants : dans les deux cas, c'est quelque chose qui est indigne du penseur, c'est l'œuvre des parents et de pédagogues qu'un homme loyal et audacieux a appelés nos *ennemis* naturels. – Lorsque depuis longtemps on est éduqué selon les opinions du monde, on finit un jour par se *découvrir soi-même* : alors commence la tâche du penseur, alors il est temps de demander son aide – non point comme éducateur, mais comme quelqu'un qui s'est élevé lui-même et qui a de l'expérience.

268.

Compassion pour la jeunesse. – Nous sommes peinés d'apprendre qu'un jeune homme perd déjà ses dents ou qu'un autre commence à devenir aveugle. Si nous savions tout ce qu'il y a d'irrétractable et de désespéré dans toute sa nature, combien plus grande encore serait notre peine ! – Pourquoi tout cela nous fait-il *souffrir* ? Parce que la jeunesse doit continuer ce que *nous* avons entrepris et que la moindre atteinte à sa force portera préjudice à *notre* œuvre lorsqu'elle tombera entre ses mains. C'est la peine que nous fait la garantie insuffisante de notre immortalité : ou bien, pour le cas où nous ne nous considérerions que comme les exécuteurs de la mission humaine, la peine de voir que cette mission doit passer en des mains plus faibles que les nôtres.

269.

Les ages de la vie. – La comparaison des quatre saisons avec les quatre âges de la vie est une vénérable niaiserie. La première vingtaine d'années de la vie, pas plus que la dernière vingtaine, ne répond à une saison : à moins que l'on ne se contente de cette métaphore qui compare la couleur blanche des cheveux et celle de la neige, ou d'autres amusements de ce genre. Les premiers vingt ans sont une préparation à la vie en général, pour l'année entière de la vie, comme une espèce de jour de l'an prolongé ; tandis que la dernière vingtaine passe en revue, assimile, ordonne et harmonise tout ce que l'on a vécu, ainsi qu'on le fait en petit, le jour de la saint Sylvestre, de toute l'année écoulée. Mais entre ces deux âges de la vie il y a en effet une période qui suggère cette comparaison avec les saisons : c'est l'intervalle qui s'étend de la vingtième à la cinquantième année (pour compter une fois en bloc d'après des dixaines, tandis qu'il va de soi que chacun doit affiner pour son propre usage ces bornes grossières). Ces trois fois dix ans répondent à trois saisons : à l'été, au printemps, à l'automne. – Quant à l'hiver, la vie humaine n'en a point, à moins que l'on ne veuille donner le nom d'hiver à ces mois durs, froids, solitaires, mornes et stériles, ces *mois de la maladie* qui, hélas ! ne sont pas trop rares. – De vingt à trente ans : des années chaudes, incommodes, orageuses, années de production surabondante et de fatigue, où l'on vante le jour quand il est fini, en s'essuyant le front, années où le travail paraît dur mais nécessaire, – ces années-là sont l'été de la vie. Les années de trente à quarante en sont le *printemps* : atmosphère ou trop chaude ou trop froide, toujours agitée et stimulante ; débordement de sève, végétation luxuriante et floraison de toutes parts, charme magique et fréquent des matinées et des nuits délicieuses, travail où le chant des oiseaux nous convie au réveil – travail qu'on chérit de tout son cœur, et qui n'est que la pleine jouissance de sa propre vigueur, qui s'accroît des espoirs savourés d'avance. Les années de quarante à cinquante enfin : pleines de mystère, comme tout ce qui est immobile, pareilles à un vaste plateau des hautes montagnes, effleuré par une brise fraîche, sous un ciel pur et sans nuages qui, jour et nuit, regarde la terre avec la même sérénité : le temps de la récolte et de la joie la plus cordiale, – c'est l'*automne* de la vie.

270.

L'esprit des femmes dans la société actuelle. – Quelle est aujourd'hui la pensée des femmes au sujet de l'esprit des hommes ? On le devine à la façon dont celles-ci négligent de souligner particulièrement l'intellectualité de leurs traits ou les détails spirituels de leur visage, et, plutôt qu'à cela, pensent à toute autre chose : elles font au contraire leur possible pour cacher ces qualités et savent se donner, en se couvrant par exemple le front de leurs cheveux, l'expression d'une sensualité et d'une matérialité vivantes et pleines d'appétits, surtout lorsqu'elles possèdent fort peu ces qualités. Leur conviction que l'esprit chez la femme effraye les hommes va si loin qu'elles renient volontiers l'acuité de l'intelligence pour s'attirer, avec intention, la réputation d'une vue courte : par là elles pensent donner confiance aux hommes ; c'est comme si elles étendaient autour d'elles l'invite d'un doux crépuscule.

271.

Grand et périssable. – Ce qui touche jusqu'aux larmes ceux qui assistent à ce spectacle, c'est le regard de joie extatique qu'une belle jeune femme jette à son mari. On y ressent toute la mélancolie de l'automne, tant à cause de l'immensité, qu'à cause de la périssabilité du bonheur humain.

272.

Sens du sacrifice. – Certaine femme possède l'*intelletto del sacrifizio* et ne parvient plus à se réjouir de sa vie, lorsque son époux ne veut pas la sacrifier : elle ne sait plus alors que faire de sa raison et, imperceptiblement, de victime, elle devient sacrificateur.

Peu féminin. — « Bête comme un homme », disent les femmes ; « lâche comme une femme », disent les hommes. La bêtise est chez la femme ce qui est *peu féminin*.

Les tempéraments masculins et féminins et la mortalité. — Le sexe masculin possède un plus mauvais tempérament que le sexe féminin, cela ressort aussi du fait que les enfants masculins sont plus exposés à la mortalité que les enfants féminins, apparemment parce que ceux-là s'exaspèrent plus facilement : leur sauvagerie et leur humeur inconciliante aggrave facilement tous les maux jusqu'à les rendre mortels.

Le temps des constructions cyclopéennes. — La démocratisation de l'Europe est irrésistible : celui qui veut l'entraver use des moyens que l'idée démocratique a été la première à mettre entre les mains de chacun, et rend ces moyens eux-mêmes plus commodes à manier et plus efficaces : les adversaires convaincus de la démocratie (je veux dire les esprits révolutionnaires) ne semblent exister par contre que pour pousser les différents partis, par la peur qu'ils inspirent, toujours plus avant dans les voies démocratiques. Il se peut cependant que l'on soit pris d'une certaine appréhension à l'aspect de ceux qui travaillent maintenant consciemment et honnêtement en vue de cet avenir : il y a quelque chose de désolé et d'uniforme sur leur visage, et la grise poussière semble s'être abattue jusque dans leur cerveau. Malgré cela il est fort possible que la postérité se mette un jour à rire de nos craintes et qu'elle songe au travail démocratique de plusieurs générations, à peu près de la même façon dont nous songeons à la construction des digues de pierre et des remparts, — comme à une activité qui nécessairement répand de la poussière sur les vêtements et les visages et qui, inévitablement, rend aussi les ouvriers qui y travaillent quelque peu idiots : mais qui donc, pour cette raison, voudrait que tout ceci n'ait pas été fait ! Il semble que la démocratisation de l'Europe soit un anneau dans la chaîne de ces énormes *mesures prophylactiques* qui sont l'idée des temps nouveaux et nous séparent du moyen âge. C'est maintenant seulement que nous sommes au temps des constructions cyclopéennes ! Enfin nous possédons la sécurité des fondements qui permettra à l'avenir de construire sans danger ! il est impossible dès lors que les champs de la culture soient encore détruits, en une seule nuit, par les eaux sauvages et stupides de la montagne. Nous avons des remparts et des murs de protection contre les barbares, contre les épidémies, contre l'*asservissement corporel et intellectuel !* Et tout cela entendu d'abord à la lettre et en gros, mais peu à peu à un point de vue toujours plus haut et plus intellectuel, en sorte que toutes les mesures indiquées ici semblent être la préparation spirituelle à la venue de l'artiste supérieur dans l'art des jardins, qui ne pourra passer à sa véritable tâche que quand cette préparation sera entièrement terminée ! — Il est vrai qu'étant donnés les grands espaces de temps qui séparent les moyens et le but, la peine énorme, une peine qui met en œuvre l'esprit et la force de siècles tout entiers et qui est nécessaire pour créer ou pour amener chacun de ces moyens, il ne faut pas trop en vouloir aux ouvriers du présent s'ils décrètent hautement que le mur et l'espalier sont déjà le but et le but dernier ; attendu que personne ne voit encore le jardinier et les plantes à cause desquels l'espalier se trouve là.

276.

Le droit de suffrage universel. – Le peuple ne s'est pas donné à lui-même le suffrage universel ; partout où celui-ci est en vigueur aujourd'hui, il l'a reçu et accepté provisoirement : de toute façon il a le droit d'en faire la restitution s'il ne donne pas satisfaction à ses espoirs. Cela semble être maintenant partout le cas : si, à une occasion quelconque où l'on en fait usage, à peine deux tiers des électeurs et souvent pas même la majorité ne se présente à l'urne, on peut dire que c'est là un *vote* contre tout le système dans son ensemble. – Il faudrait même juger ici avec plus de sévérité encore. Une loi qui détermine que c'est la majorité qui décide en dernière instance du bien de tous ne peut pas être édifiée sur une base acquise précisément par cette loi ; il faut nécessairement une base plus large et cette base c'est *l'unanimité de tous les suffrages*. Le suffrage universel ne peut pas être seulement l'expression de la volonté d'une majorité : il faut que le pays tout entier le désire. C'est pourquoi la contradiction d'une petite minorité suffit déjà à le rendre impraticable : et la *non-participation* à un vote est précisément une de ces contradictions qui renverse tout le système électoral. Le « veto absolu » de l'individu, ou, pour ne pas nous perdre dans des minuties, le veto de quelques milliers d'individus plane sur ce système, et c'est une conséquence de la justice : à chaque usage que l'on fait du suffrage universel, il lui faudrait démontrer, selon que l'on y participe, qu'il existe encore *à bon droit*.

277.

La mauvaise induction. – Quelles mauvaises conclusions on tire sur les domaines qui ne vous sont pas familiers, lors même qu'en sa qualité d'homme de science, on a l'habitude de tirer de bonnes conclusions ! C'est honteux à dire. Et il est clair que, dans la grande agitation des questions contemporaines, dans les choses de la politique, dans tout ce que les événements de chaque jour ont de soudain et de hâtif, c'est précisément cette façon de *conclusion défectueuse* qui décide : car personne ne s'entend jamais tout à fait aux choses nouvelles qui ont poussé en une nuit ; toute politique, même chez les plus grands hommes d'Etat, est de l'improvisation au hasard des événements.

278.

Prémisses de l'age des machines. – La presse, la machine, le chemin de fer, le télégraphe sont des prémisses dont personne n'a encore osé tirer la conclusion qui viendra dans mille ans.

279.

Une entrave de la culture. – Ici les hommes n'ont pas de temps pour les affaires productives : l'exercice des armes et les déplacements leur prennent toutes leurs journées, et il faut que le reste de la population les nourrisse et les habille : mais leur costume est voyant, souvent de couleurs variées, comme s'il venait d'une mascarade ; ici l'on admet très peu de qualités distinctives, les individus se ressemblent plus qu'ailleurs, ou, du moins, on les traite comme s'ils étaient égaux ; ici l'on exige l'obéissance et l'on obéit sans comprendre : on ordonne, mais on se garde bien de convaincre ; ici les punitions sont peu nombreuses, mais leur petit nombre est plein de dureté et va souvent à l'extrême, au pire ; ici la trahison est regardée comme le plus grand crime, les plus courageux sont seuls à oser la critique des abus ; ici la vie a peu de prix, et l'ambition se manifeste souvent de telle sorte qu'elle met la vie en danger. – Quelqu'un qui entendra dire tout cela s'écriera sans hésiter : « C'est là l'image d'une *société barbare, menacée de dangers.* » Peut-être y aura-t-il quelqu'un pour ajouter : « C'est la description de Sparte. » Mais un autre prendra peut-être un air songeur et soutiendra que c'est là la description de notre *militarisme moderne*, tel qu'il existe au milieu de notre civilisation et de notre société si différentes – anachronisme vivant, image, comme je l'ai indiqué, d'une société barbare, menacée de danger, œuvre posthume du passé, qui, pour les rouages du présent, ne peut avoir que la valeur d'une entrave. – Mais il arrive parfois à la culture d'avoir le besoin le plus absolu d'une entrave : lorsqu'elle décline trop rapidement, ou bien, comme dans notre cas, lorsqu'elle s'*élève* trop rapidement.

280.

Plus de respect pour les compétences. – Avec la concurrence qui se fait dans le travail et parmi les vendeurs, c'est le public qui se fait juge du métier : mais le public ne possède pas de compétence rigoureuse et juge selon l'*apparence*. Par conséquent l'art de faire paraître, et peut-être aussi le goût, se développeront sous la domination de la concurrence, mais la qualité de tous les produits, devra s'amoindrir. Donc, pour que la raison ne perde pas sa valeur, il faudra mettre fin, un jour ou l'autre, à cette manœuvre et instituer un principe nouveau qui s'en rendra maître. Seul le chef de métier devrait juger les choses du métier et le public devrait se conformer à ce jugement, confiant en la *personne* et en la loyauté du juge. Alors point de travail anonyme ! Il faudrait du moins qu'un expert pût être garant de ce travail et donner *son* nom en gage, lorsque l'auteur est obscur ou reste ignoré. Le *bon marché* d'un objet trompe aussi le profane d'une autre manière, car seule la durabilité peut décider si le prix de l'objet est vraiment modique ; mais il est difficile et même impossible pour le profane d'apprécier cette durabilité. – Donc : ce qui fait de l'effet pour les yeux et ce qui est d'un prix modique l'emporte maintenant dans la balance, – et ce sera naturellement le travail de machine. D'autre part la machine, c'est-à-dire la cause de la plus grande rapidité et de la facilité dans la fabrication, favorise, elle aussi, l'objet le plus *vendable* : autrement on ne ferait pas avec elle un bénéfice sensible ; on l'utiliserait trop peu et elle s'arrêterait souvent. Mais, Comme c'est le public qui décide de ce qui est le plus vendable, il choisira les objets de plus belle apparence, c'est-à-dire ce qui *paraît* bon et ce qui parait *bon marché*. Donc sur le domaine du travail, notre devise doit être aussi : « plus de respect des capacités ! »

281.

Le danger des rois. – Sans violence et seulement par une pression constante et légale, la démocratie est à même de *rendre creux* l'empire et la royauté, jusqu'à ce qu'il n'en reste plus qu'un zéro. On peut si l'on *veut* lui accorder la signification de tout zéro qui, par lui-même, n'est rien, mais qui, placé à droite d'un nombre, a pour effet de décupler sa valeur. L'empire et la royauté demeureraient des ornements magnifiques sur le vêtement simple et pratique de la démocratie, le beau superflu que celle-ci se permet, le reste historique et vénérable d'une parure ancestrale, le symbole même de l'histoire – et cette situation unique serait d'un grand effet, si elle n'était pas isolée, mais mise en bonne place. – Pour prévenir ce danger de l'*excavation*, les rois se cramponnent maintenant avec rage à leur dignité de chef suprême de l'armée : pour mettre cette dignité en relief ils ont besoin de guerres, c'est-à-dire de conditions exceptionnelles, où s'arrête cette lente pression légale des forces démocratiques.

282.

Le professeur est un mal nécessaire. – Aussi peu de personnes que possible entre les esprits productifs et les esprits qui ont soif de recevoir ! Car les *intermédiaires* falsifient presque involontairement la nourriture qu'ils transmettent : de plus, en récompense de leur médiation, ils demandent trop *pour eux*, de l'intérêt, de l'admiration, du temps, de l'argent et autre chose, dont on prive par conséquent les esprits originaux et producteurs. – Il faut toujours considérer le professeur comme un mal nécessaire, tout comme on fait du commerçant : un mal qu'il faut rendre aussi *petit* que possible. Les conditions défectueuses que l'on rencontre aujourd'hui en Allemagne ont peut-être leur raison principale dans le fait qu'il y a trop de gens qui veulent vivre, et bien vivre, du commerce (et qui cherchent par conséquent à abaisser autant que possible les prix du producteur et à élever ceux du consommateur, pour tirer avantage du dommage aussi grand que possible qu'ils subissent tous deux). De même on peut certainement chercher une des raisons de la misère des conditions intellectuelles dans le nombre exagéré des professeurs : c'est à cause d'eux que l'on apprend si peu et si mal.

283.

La contribution de l'estime. – Nous aimons à payer celui que nous connaissons et vénérons, qu'il soit médecin, artiste ou artisan, lorsqu'il a travaillé ou fait quelque chose pour nous, aussi cher que nous pouvons, souvent même au delà de notre fortune. Par contre nous payons un inconnu d'un prix aussi minime que possible. Il y a là une lutte où chacun conquiert ou se fait enlever un pouce de terrain. Dans le travail de celui que nous connaissons, il y a quelque chose que nous ne saurions rétribuer : c'est le sentiment et l'ingéniosité que celui-ci y a mis à cause de nous ; nous ne croyons pas pouvoir exprimer autrement l'impression que nous en ressentons que par une espèce de *sacrifice* de notre part. – La plus forte contribution est la *contribution de l'estime*. Plus règne la concurrence, plus on achète chez des inconnus ; et plus on travaille pour des inconnus, plus cette contribution devient négligeable ; mais elle donne justement la mesure pour les rapports humains d'*âme à âme*.

284.

Les moyens pour arriver a la paix véritable. – Aucun gouvernement n'avoue aujourd'hui qu'il entretient son armée pour satisfaire, à l'occasion, ses envies de conquête. L'armée doit au contraire servir à la défense. Pour justifier cet état de choses, on invoque une morale qui approuve la légitime défense. On se réserve ainsi, pour sa part, la moralité, et on attribue au voisin l'immoralité, car il faut imaginer celui-ci prêt à l'attaque et à la conquête, si l'Etat dont on fait partie doit être dans la nécessité de songer aux moyens de défense. De plus on accuse l'autre, qui, de même que notre Etat, nie l'intention d'attaquer et n'entretient, lui aussi, son armée que pour des raisons de défense, pour les mêmes motifs que nous, on l'accuse, dis-je, d'être un hypocrite et un criminel rusé qui voudrait se jeter, sans aucune espèce de lutte, sur une victime inoffensive et maladroite. C'est dans ces conditions que tous les Etats se trouvent aujourd'hui les uns en face des autres : ils admettent les mauvaises intentions chez le voisin et se targuent de bonnes intentions. Mais c'est là une *inhumanité* aussi néfaste et pire encore que la guerre, c'est déjà une provocation et même un motif de guerre, car on prête l'immoralité au voisin et, par là, on semble appeler les sentiments hostiles. Il faut renier la doctrine de l'armée comme moyen de défense tout aussi catégoriquement que les désirs de conquête. Et un jour viendra peut-être, jour grandiose, où un peuple, distingué dans la guerre et la victoire, par le plus haut développement de la discipline et de l'intelligence militaires, habitué à faire les plus lourds sacrifices à ces choses, s'écriera librement : « Nous brisons l'épée ! » – détruisant ainsi toute son organisation militaire jusqu'en ses fondements. *Se rendre inoffensif, tandis qu'on est le plus redoutable*, guidé par *l'élévation* du sentiment – c'est là le moyen pour arriver à la paix *véritable* qui doit toujours reposer sur une disposition d'esprit paisible, tandis que ce que l'on appelle la paix armée, telle qu'elle est pratiquée maintenant dans tous les pays, répond à un sentiment de discorde, à un manque de confiance en soi et en le voisin et empêche de déposer les armes soit par haine, soit par crainte. Plutôt périr que de haïr et que de craindre, et *plutôt périr deux fois que de se laisser haïr et craindre*, – il faudra que ceci devienne un jour la maxime supérieure de toute société établie ! – On sait que nos représentants du peuple libéraux manquent de temps pour réfléchir à la nature de l'homme : autrement ils sauraient qu'ils travaillent en vain s'ils s'appliquent à une « diminution graduelle des charges militaires ». Au contraire, ce n'est que lorsque ce genre de misère sera le plus grand que le genre de dieu qui seul pourra aider sera le plus près. L'arbre de la gloire militaire ne pourra être détruit qu'en une seule fois, par un seul coup de foudre : mais la foudre, vous le savez, vient des hauteurs.

285.

La propriété peut-elle être équilibrée par la justice ? – Lorsque l'on ressent fortement l'injustice de la propriété – la grande aiguille marque de nouveau cette heure au cadran du temps –, on nomme deux moyens pour y remédier : d'une part un partage égal de la fortune et, d'autre part, la suppression de la propriété et le retour de toute possession à la communauté. Ce dernier procédé est surtout selon le cœur de nos socialistes qui en veulent surtout à ce juif antique qui disait : « Tu ne déroberas point. » Selon eux le huitième commandement devrait au contraire être conçu dans ces termes : « Tu ne posséderas point ». – Dans l'Antiquité on fit souvent des tentatives conformes à la première recette, en petit il est vrai, mais pourtant avec un insuccès qui peut être plein d'enseignements pour nous. Il est facile de dire « des lots de terre égaux » ; mais combien d'amertume engendrent les séparations et les déchirements que ce partage rend nécessaires, et la perte de la vieille propriété vénérable, combien de piété offensée et sacrifiée ! On déracine la moralité lorsque l'on déracine les bornes qui séparent les terres. Et après cela, quelle amertume nouvelle entre les propriétaires nouveaux, quelle jalousie, quels regards envieux ! car il n'y a jamais eu de lots de terre véritablement égaux, et, s'il en existait, l'esprit jaloux des biens du voisin n'y croirait pas. Et combien de temps durait cette égalité malsaine, empoisonnée dès l'origine ? Après quelques générations un seul lot était transmis par héritage à cinq têtes différentes, ailleurs cinq lots se réunissaient sur une seule tête. Et, pour le cas où l'on évitait ces inconvénients par de sévères lois d'héritage, les lots de terre continuaient, il est vrai, à être égaux, mais il restait toujours des nécessiteux et des mécontents qui ne possédaient rien autre chose que leur jalousie des biens du voisin et leur désir du renversement de toute chose. – Si, par contre, selon la seconde recette, on veut rendre la propriété à la *commune* et ne faire de l'individu qu'un fermier provisoire, on détruit la terre cultivée. Car l'homme est sans prévoyance à l'égard de ce qu'il ne possède que d'une façon passagère, il ne fait pas de sacrifices et agit en exploiteur, en brigand ou en misérable gaspilleur. Si Platon prétend que la suppression de la propriété supprimera l'égoïsme, il faut lui répondre qu'après déduction de celui-ci ce ne seront certainement pas les vertus cardinales de l'homme qui resteront, – de même qu'il faut affirmer que la pire peste ne pourrait faire autant de mal à l'humanité que si l'on en faisait disparaître la vanité. Sans vanité et sans égoïsme – que sont donc les vertus humaines ? Par quoi je suis loin de vouloir dire que celles-ci ne sont que des masques de celles-là. La mélodie fondamentale et utopique de Platon que les socialistes continuent toujours à chanter, repose sur une connaissance imparfaite de l'homme : il ignore l'histoire des sentiments moraux, il manque de clairvoyance au sujet de l'origine des bonnes qualités utiles de l'âme humaine. De même que toute l'antiquité, il croyait au bien et au mal, comme au blanc et au noir, donc comme à une différence radicale entre les hommes bons et les hommes mauvais, les bonnes qualités et les mauvaises qualités. – Pour que, dans l'avenir, on ait plus de confiance en la propriété et que celle-ci devienne plus morale il faut ouvrir tous les moyen de travail qui mènent à la *petite* fortune, mais empêcher l'enrichissement facile et subit ; il faudrait retirer des mains des particuliers toutes les branches du transport et du commerce qui favorisent l'accumulation des *grandes* fortunes, donc avant tout le trafic d'argent – et considérer ceux qui possèdent trop comme des êtres dangereux pour la sécurité publique au même titre que ceux qui ne possèdent rien.

286.

La valeur du travail. – Si l'on voulait déterminer la valeur du travail d'après le temps, l'application, la bonne ou la mauvaise volonté, la contrainte, l'ingéniosité ou la paresse, l'honnêteté ou la dissimulation que l'on y a mis, l'appréciation de la valeur ne pourrait jamais être *juste* ; car il faudrait pouvoir mettre sur la balance la personne tout entière, ce qui est impossible. Il s'agit de dire ici « ne jugez point ! » Mais c'est précisément le cri de justice que nous entendons maintenant chez ceux qui sont mécontents de l'évaluation du travail. Si l'on fait faire un pas de plus à sa pensée, on trouve chaque individu irresponsable de son produit, le travail : on ne peut donc jamais en déduire un mérite, tout travail étant aussi bon et aussi mauvais qu'il doit l'être d'après la constellation nécessaire des forces et des faiblesses, des connaissances et des désirs. Cela ne dépend pas du bon vouloir du travailleur s'il travaille, ni comment il travaille. Seuls les points de vue de l'*utilité*, points de vue restreints ou plus larges, ont créé les évaluations de la valeur du travail. Ce que nous appelons aujourd'hui justice est très bien à sa place sur ce domaine, étant une utilité extrêmement raffinée qui n'a pas égard seulement au moment et exploite l'occasion, mais qui songe à la durabilité de toutes les conditions et qui, pour cette raison, a aussi en vue le bien du travailleur, son contentement matériel et moral, – *afin que* lui et ses descendants continuent à bien travailler pour nos descendants, et que nous puissions avoir confiance en lui pour de plus longs espaces de temps que celui d'une seule vie humaine. *L'exploitation* du travail était, ainsi que l'on s'en rend compte aujourd'hui, une bêtise, un vol au détriment de l'avenir, un danger pour la société. Maintenant on en est déjà presque arrivé la guerre : et, dans tous les cas, les frais nécessaires à conserver la paix, à conclure des traités et à inspirer de la confiance seront extrêmement élevés, puisque la folie des exploiteurs fut très grande et de très longue durée.

287.

De l'étude du corps social. – Ce qu'il y a de plus fâcheux pour celui qui veut étudier aujourd'hui en Europe, et surtout en Allemagne, l'économie et la politique, c'est que les conditions véritables, au lieu d'exemplifier les règles, démontrent un *état de transition* ou de *déclin*. C'est pourquoi il faut apprendre d'abord à regarder au delà de ce qui existe véritablement, pour arrêter par exemple le regard dans le lointain, sur l'Amérique du Nord, – où l'on peut suivre encore des yeux et rechercher les mouvements originels et normaux du corps social, si on le *veut* vraiment, – tandis qu'en Allemagne il faut pour cela de difficiles études historiques ou, comme je l'ai indiqué, une lunette d'approche.

288.

En quoi la machine humilie. – La machine est impersonnelle, elle enlève au travail sa fierté, ses qualités et ses défauts individuels qui sont le propre de tout travail qui n'est pas fait à la machine, – donc une parcelle d'humanité. Autrefois tout achat chez des artisans était une *distinction* accordée à une *personne*, car on s'entourait des insignes de cette personne : de la sorte les objets usuels et les vêtements devenaient, une sorte de symbolique d'estime réciproque et d'homogénéité personnelle, tandis qu'aujourd'hui nous semblons vivre seulement au milieu d'un esclavage anonyme et impersonnel. – Il ne faut pas acheter trop cher la facilitation du travail.

289.

Quarantaine de cent années. – Les institutions démocratiques sont des établissements de quarantaine contre la vieille peste des envies tyranniques : en tant que telles, très utiles et très ennuyeuses.

290.

Le partisan le plus dangereux. – Le partisan le plus dangereux est celui dont la défection détruirait tout le parti, c'est-à-dire que c'est le meilleur partisan.

291.

La destinée de l'estomac. – Un pain beurré de plus ou de moins dans l'estomac d'un jockey peut décider du succès des courses et des paris, donc du bonheur et du malheur de milliers d'individus. Tant que la destinée des peuples dépendra encore des diplomates, l'estomac de ceux-ci sera toujours l'objet d'angoisses patriotiques. *Quousque tandem –*.

292.

Victoire de la démocratie. – Toutes les puissances politiques essayent maintenant pour se fortifier d'exploiter la peur du socialisme. Mais, à la longue, la démocratie seule peut tirer avantage de cet état de choses : car *tous* les partis sont maintenant forcés de flatter le « peuple » et de lui accorder des soulagements et des libertés de toutes espèces, par quoi le peuple finit par devenir omnipotent. Il est tout ce qu'il y a de plus éloigné du socialisme, doctrine du changement dans la façon d'acquérir la propriété : et quand une fois, par la grande majorité de ses parlements, il finira par avoir entre les mains la vis des impôts, il attaquera par l'impôt progressif la royauté du capital, du grand commerce et de la bourse et créera ainsi, d'une façon lente, une classe moyenne qui aura le droit *d'oublier* le socialisme comme une maladie que l'on a surmontée. – Le résultat pratique de cette démocratisation qui va toujours en augmentant, sera en premier lieu la création d'une union des peuples européens, où chaque pays délimité selon des opportunités géographiques, occupera la situation d'un canton et possédera ses droits particuliers : on tiendra alors très peu compte des souvenirs historiques des peuples, tels qu'ils ont existé jusqu'à présent, parce que le sens de piété qui entoure ces souvenirs sera peu à peu déraciné de fond en comble, sous le règne du principe démocratique, avide d'innovations et d'expériences. Les rectifications des frontières qui seront ainsi nécessaires, de façon à les faire servir aux *besoins* du grand canton et en même temps à l'ensemble des pays alliés, mais non point à la mémoire d'un passé quelconque qui se perd dans la nuit des temps. Trouver les points de vue de cette rectification future, ce sera la tâche des *diplomates* de l'avenir, qui devront être à la fois des savants, des agronomes et des spécialistes dans la connaissance des moyens de communication, et avoir derrière eux, non point des armées, mais des raisons d'utilité pratique. Alors seulement la politique *extérieure* sera liée inséparablement à la politique *intérieure* : tandis que maintenant encore cette dernière continue à courir après sa fière maîtresse et glane dans sa pitoyable besace les épis oubliés dans le chaume, après la moisson de l'autre.

293.

But et moyens de la démocratie. — La démocratie veut créer et garantir l'indépendance à un aussi grand nombre d'individus que possible, l'indépendance des opinions, de la façon de conduire et de gagner sa vie. Pour arriver à ce but, il lui faut contester le droit de vote tant à ceux qui ne possèdent absolument rien qu'à ceux qui sont véritablement riches : car ce sont là deux classes d'hommes qu'elle ne saurait tolérer et à la suppression desquels il lui faut sans cesse travailler, au risque de voir sa tâche remise toujours en question. De même il lui faut empêcher tout ce qui semble tendre à l'organisation de partis. Car les trois grands ennemis de l'indépendance, à ce triple point de vue, sont le pauvre diable, le riche et les partis. — Je parle de la démocratie comme de quelque chose qui existera dans l'avenir. Ce que l'on appelle ainsi aujourd'hui se distingue seulement des vieilles formes de gouvernement en ceci que l'on se sert de *chevaux nouveaux* : les routes sont encore les mêmes que par le passé et les roues du char aussi. — Avec *cet* attelage du bien public le danger est-il vraiment devenu moins grand ?

294.

La circonspection et le succès. — Cette grande qualité de la circonspection qui est au fond la vertu des vertus, l'ancêtre et la reine des vertus, est loin d'avoir toujours, dans la vie quotidienne, le succès de son côté : et l'amant qui n'aurait recherché cette vertu qu'à cause du succès se verrait amèrement trompé. Car, parmi les gens *pratiques*, on la tient en suspicion et on la confond avec la dissimulation et la subtilité hypocrite. Par contre, celui qui manque de circonspection, — l'homme qui va de l'avant et qui parfois frappe à côté, est tenu pour un compagnon loyal sur qui l'on peut compter. Donc les gens pratiques n'aiment pas l'homme circonspect et le tiennent pour dangereux. D'autre part on croit volontiers que le circonspect est craintif, embarrassé et pédant, — les gens peu pratiques et qui aiment à jouir de la vie le trouvent incommode, parce qu'il n'aime pas à vivre à la légère comme eux, qui ne songent ni à l'action ni aux devoirs : il apparaît au milieu d'eux comme leur conscience vivante, et, à leurs yeux, le jour pâlit à son approche. Si donc le succès et la popularité lui manquent qu'il se dise en manière de consolation : « C'est à ce prix que s'élèvent les *contributions* qu'il te faut payer pour posséder le bien le plus précieux parmi les hommes, — il en vaut la peine ! »

295.

Et in arcadia ego. — J'ai jeté un regard à mes pieds, en passant par-dessus la vague des collines, du côté de ce lac d'un vert laiteux, à travers les pins austères et les vieux sapins : autour de moi gisaient des roches aux formes variées et sur le sol multicolore croissaient des herbes et des fleurs. Un troupeau se mouvait près de moi, se développant et se ramassant tour à tour ; quelques vaches se dessinaient dans le lointain en groupes pressés, se détachant dans la lumière du soir sur la forêt de pins : d'autres, plus près, paraissaient plus sombres. Tout cela était tranquille, dans la paix du crépuscule prochain. Ma montre marquait cinq heures et demie. Le taureau du troupeau était descendu dans la blanche écume du ruisseau et il remontait lentement son cours impétueux, résistant et cédant tour à tour : ce devait être là pour lui une sorte de satisfaction farouche. Deux êtres humains à la peau brunie, d'origine bergamasque, étaient les bergers de ce troupeau : la jeune fille presque vêtue comme un garçon. A gauche des pans de rochers abrupts, au-dessus d'une large ceinture de forêt, à droite deux énormes dents de glace, nageant bien au-dessus de moi, dans un voile de brume claire, — tout cela était grand, calme et lumineux. La beauté tout entière amenait un frisson, et c'était l'adoration muette du moment de sa révélation. Involontairement, comme s'il n'y avait là rien de plus naturel, on était tenté de placer des héros grecs dans ce monde de lumière pure aux contours aigus (de ce monde qui n'avait rien de l'inquiétude et du désir, de l'attente et des regrets) ; il fallait sentir comme Poussin et ses élèves : à la fois d'une façon héroïque et idyllique. – Et, c'est ainsi que certains hommes ont vécu, c'est ainsi que sans cesse ils ont évoqué le sens du monde, en eux-mêmes et hors d'eux-mêmes ; et ce fut surtout l'un d'entre eux, un des plus grands hommes qui soient, l'inventeur d'une façon de philosopher héroïque et idyllique tout à la fois : Epicure.

296.

Calculer et mesurer. – Voir beaucoup de choses, les peser les unes en face des autres, en faire le décompte, en tirer une conclusion rapide et en établir la somme avec assez de certitude, c'est là ce qui fait le grand politicien, le grand capitaine et le grand commerçant : – c'est donc la rapidité dans une sorte de calcul mental. Ne voir qu'une seule chose, y trouver le seul motif d'agir, l'étalon qui détermine toute autre action, c'est ce qui fait le héros et aussi le fanatique : – c'est donc une dextérité à mesurer avec un seul mètre.

297.

Ne pas voir au mauvais moment. – Durant qu'il vous arrive quelque chose, il faut s'abandonner à l'événement et fermer les yeux, donc ne pas jouer l'observateur tant que *l'on y est*. Car cela gâterait la bonne digestion de l'événement : au lieu d'y gagner de la sagesse on y gagnerait une indigestion.

298.

La pratique du sage. – Pour devenir sage, il faut *vouloir* que certaines choses arrivent dans votre vie, donc se jeter dans la gueule des événements. Il est vrai que c'est très dangereux ; bien des « sages » y ont été dévorés.

299.

La fatigue de l'esprit. – Notre indifférence et notre froideur passagères à l'égard des hommes, que l'on interprète comme de la dureté et du manque de caractère, ne sont souvent que de la fatigue de l'esprit : lorsque nous sommes dans cet état, les autres, tout comme nous-mêmes, nous sont indifférents ou importuns.

300.

« Une seule chose est nécessaire » (¹). – Lorsque l'on est intelligent, ce qui vous importe avant tout, c'est d'avoir la joie au cœur. – Hélas! ajouta quelqu'un, lorsque l'on est intelligent, ce que l'on a de mieux à faire c'est d'être sage.

301.

Un témoignage d'amour. – Quelqu'un disait : « Il y a deux personnes au sujet desquelles je n'ai jamais réfléchi profondément : c'est là le témoignage d'affection que je leur apporte. »

---

[1] Luc, X, 42. – N. d. T.

302.

Comment on cherche a corriger les mauvais arguments. — Il y a certaines gens qui jettent encore un morceau de leur personnalité à la suite de leurs mauvais arguments, comme si par là ceux-ci atteignaient mieux leur but et se laissaient transformer en bons arguments. C'est comme les joueurs de quilles qui, après avoir fait leur coup, cherchent à donner une direction à leur boule, par leurs gestes et le mouvement de leurs bras.

303.

La loyauté. — C'est peu de chose, lorsque, pour ce qui en est du droit et de la propriété, on est un homme exemplaire, de ne pas prendre de fruits dans un jardin étranger, quand on est encore enfant, ou de ne pas passer sur un pré non fauché quand on a atteint l'âge de raison ; — je choisis mes exemples parmi les petites choses qui, comme on sait, démontrent ce genre de perfection mieux que les grandes. C'est peu de chose : car on n'est alors en somme qu'une « personne juridique », avec ce degré de moralité dont une « société », une agglomération d'hommes est même capable.

304.

Homme ! — Qu'est la vanité de l'homme le plus vain à côté de la vanité que possède l'homme le plus humble qui, dans le monde et la nature, se considère comme « homme » !

305.

La gymnastique la plus nécessaire. — Par l'absence de domination de soi dans les circonstances minimes, la faculté de se dominer dans les cas plus graves s'effrite peu à peu. Chaque jour est mal utilisé et devient un danger pour le jour prochain, si l'on ne s'est pas *refusé* une fois au moins quelque petite chose : cette gymnastique est indispensable lorsque l'on veut se conserver la joie d'être son propre maître.

306.

Se perdre soi-même. — Lorsque l'on est arrivé à se trouver soi-même, il faut s'entendre à se *perdre* de temps en temps — pour se retrouver ensuite : en admettant, bien entendu, que l'on soit un penseur. Car il est préjudiciable à celui-ci d'être toujours lié à une seule personne.

307

Quand il faut prendre congé. — Il faut que tu prennes congé de ce que tu veux connaître et mesurer, du moins pour un temps. Ce n'est qu'après avoir quitté la ville que l'on s'aperçoit combien ses tours s'élèvent au-dessus des maisons.

308.

A l'heure de midi. — Lorsque, dans la vie de quelqu'un, le matin fut actif et orageux, quand vient le midi de la vie, l'âme est prise d'une singulière envie de repos qui peut durer des mois et des années. Le silence se fait autour de cet homme, le son des voix s'atténue de plus en plus, le soleil tombe à pic sur sa tête. Sur une prairie, au bord de la forêt, il voit dormir le grand Pan ; toutes les choses de la nature se sont endormies avec lui, une expression d'éternité sur la figure – il lui semble du moins qu'il en est ainsi. Il ne désire rien, il n'a souci de rien, son cœur s'arrête, seul son œil vit, – c'est une mort au regard éveillé. L'homme voit là beaucoup de choses qu'il n'a jamais vues et tout ce qu'il peut apercevoir est enveloppé d'un tissu de lumière, noyé en quelque sorte. Il se sent heureux avec cela, mais c'est un bonheur lourd, très lourd. – Mais enfin le vent s'élève de nouveau dans les arbres, midi est passé, et la *vie* l'attire encore vers elle, la vie aux yeux aveugles, suivie de son cortège impétueux : les désirs et les duperies, l'oubli et les jouissances, l'anéantissement et la fragilité. Et c'est ainsi que vient le soir, plus orageux et plus actif que ne fut même le matin. – Pour les hommes véritablement actifs, ces étais de connaissance prolongés paraissent presque inquiétants et maladifs, mais non pas désagréables.

309.

Se garder de son peintre. – Un grand peintre qui a révélé et fixé dans un portrait l'expression la plus complète, le moment le plus total dont un homme est capable, lorsqu'il reverra plus tard cet homme dans la vie réelle, aura presque toujours l'impression de voir une caricature.

310.

Les deux principes de la vie nouvelle. – *Premier principe* : il faut organiser la vie de la façon la plus sûre, la plus démontrable, et non point, comme on fit jusqu'à présent, selon des perspectives lointaines, incertaines, comme un horizon gros de nuages. *Deuxième principe* : il faut fixer, à part soi, la *succession* des choses prochaines et voisines, certaines et moins certaines, avant que d'organiser sa vie et de lui donner une direction définitive.

311.

Irritabilité dangereuse. – Les hommes doués, mais nonchalants, auront toujours l'air un peu irrités lorsque l'un de leurs amis aura terminé un bon travail. Leur jalousie s'éveille, ils ont honte de leur paresse – ou plutôt ils craignent que l'homme actif ne les méprise alors encore *plus* que d'ordinaire. C'est dans cette disposition d'esprit qu'ils critiquent l'œuvre nouvelle – et leur critique devient de la vengeance, au grand étonnement de l'auteur.

312.

Destruction des illusions. – Les illusions sont certainement des plaisirs coûteux : mais la destruction des illusions est encore plus coûteuse – quand on la considère comme un plaisir, ce qu'elle est incontestablement chez certaines gens.

313.

La monotonie du sage. – Les vaches ont parfois une expression d'étonnement qui a l'air d'une interrogation demeurée en route. Par contre le *nil admirari* se reflète dans l'œil de l'intelligence supérieure comme la monotonie d'un ciel sans nuages.

314.

Ne pas être malade trop longtemps. – Il faut se garder d'être longtemps malade : car bientôt les spectateurs sont impatientés par l'obligation habituelle de témoigner de la compassion – vu qu'ils ont trop de peine à se maintenir longtemps dans cet état d'esprit. Et, presque sans transition, ils en viennent à soupçonner votre caractère et à conclure « que vous *méritez* d'être malade et qu'il est inutile de faire un effort de pitié ».

315.

Avertissement aux enthousiastes. – Que celui qui aime à se laisser *entraîner* et qui désirerait se voir porté vers le ciel prenne garde à ne pas devenir *trop lourd* : c'est-à-dire qu'il n'apprenne pas trop de choses et surtout qu'il ne se laisse pas *envahir* par la science. C'est cela qui rend lourd ! – prenez garde, ô enthousiastes !

316.

Savoir se surprendre. – Celui qui veut se voir lui-même tel qu'il est doit savoir se *surprendre* avec le flambeau à la main. Car il en est des choses spirituelles comme des choses corporelles : celui qui est habitué à se voir dans la glace oublie toujours sa laideur : ce n'est que par le peintre qu'il en reçoit de nouveau l'impression. Mais il s'habitue aussi à la peinture et il oublie sa laideur pour la seconde fois. – Ceci conformément à la loi générale qui fait que l'homme ne *supporte pas* ce qui est immuablement laid, si ce n'est pour un moment : il l'oublie et il le nie dans tous les cas. – Les moralistes ont besoin de compter sur ce « moment » pour placer leurs vérités.

317.

Opinions et poisons. – On est possesseur de ses opinions comme on est possesseur de poissons, – en ce sens que l'on possède un étang à poissons. Il faut aller à la pêche et avoir de la chance, – alors on tient *ses* poissons, *ses* opinions. Je parle ici d'opinions vivantes, de poissons vivants. D'autres sont satisfaits lorsqu'ils possèdent une collection de fossiles – et, dans leur cerveau, des « convictions ». –

318.

Signes de liberté et de contrainte. – Satisfaire soi-même autant que possible, ses besoins les plus impérieux fût-ce même d'une façon imparfaite, c'est la façon d'arriver à la *liberté de l'esprit et de la personne*. Satisfaire, à l'aide des autres, et aussi parfaitement que possible, beaucoup de besoins superflus – cela finit par vous mettre dans un état de *contrainte*. Le sophiste Hippias qui avait acquis et créé lui-même tout ce qu'il portait, intérieurement et extérieurement, est par là le représentant de ce courant qui aboutit à la plus haute liberté de l'esprit et de la personne. Il importe peu que tout soit également bien travaillé, également parfait : la fierté, reprisera les endroits défectueux.

319.

Croire en soi-même. – De nos jours on se méfie toujours de celui qui croit en lui-même ; autrefois croire en soi-même cela suffisait pour que les autres croient également en vous. La recette pour trouver créance aujourd'hui c'est : « Ne te ménage pas toi-même ! Si tu veux que ton opinion soit vue sous un jour favorable, commence par allumer ta propre chaumière » !

320.

Plus riche et plus pauvre, tout a la fois. – Je connais un homme qui, encore enfant, s'était déjà habitué à bien penser de l'intellectualité des hommes, c'est-à-dire de leur véritable penchant pour les objets de l'esprit, de leur goût désintéressé pour les choses reconnues vraies, etc., à avoir par contre une idée très médiocre de son esprit à lui (jugement, mémoire, présence d'esprit, imagination). Il ne s'accordait aucune valeur, lorsqu'il se comparait à d'autres. Mais au cours des années il fut forcé, une fois d'abord, puis cent fois, de changer d'opinion sur ce point, – on pourrait croire que ce fut à sa grande joie et à sa grande satisfaction. En effet, il y avait quelque chose de cela, mais, comme il disait une fois : « Il s'y mêle une amertume de la pire espèce, une amertume que je n'ai pas connue dans les années antérieures : car depuis que j'apprécie les hommes et moi-même, avec plus de justice, par rapport aux besoins intellectuels, mon esprit me paraît moins utile ; avec lui je ne crois plus pouvoir faire œuvre bonne, parce que l'esprit des autres ne s'entend pas à l'accepter : je vois maintenant toujours devant moi l'abîme affreux qui existe entre l'homme secourable et celui qui a besoin de secours. Voilà pourquoi je suis tourmenté par la misère de posséder mon esprit à moi seul et d'en jouir autant qu'il est supportable. Mais *donner* vaut mieux que *posséder* : et qu'est l'homme le plus riche lorsqu'il vit dans la solitude d'un désert ? »

321.

Comment il faut attaquer. – Les raisons qui font que l'on croit en quelque chose ou que l'on n'y croit pas sont rarement, et chez très peu d'hommes, aussi fortes *qu'elles peuvent l'être*. Ordinairement, pour ébranler la foi en quelque chose, on n'a nullement besoin d'amener, sans plus, la grosse artillerie de combat ; chez beaucoup on atteint déjà son but en attaquant avec un peu de bruit, de sorte que les pois fulminants suffisent. Mais contre les personnes très vaniteuses c'est assez d'avoir l'*attitude* d'une attaque violente : celles-ci se figurent alors qu'on les prend très au sérieux – et elles cèdent.

322.

Mort. – Par la perspective certaine de la mort, on pourrait mêler à la vie une goutte délicieuse et parfumée d'insouciance – mais, vous autres, singuliers pharmaciens de l'âme que vous êtes, vous avez fait de cette goutte un poison infect, qui rend répugnante la vie tout entière !

323.

Remords. – Ne jamais donner libre cours au remords, mais se dire de suite : ce serait là ajouter une seconde bêtise à la première. – Si l'on a occasionné le mal, il faut songer à faire le bien. – Si l'on est puni à cause de sa mauvaise action, il faut subir sa peine avec le sentiment que par là on fait une chose bonne : on empêche, par l'exemple, les autres de tomber dans la même folie. Tout malfaiteur puni doit se considérer comme un bienfaiteur de l'humanité.

324.

Devenir penseur. – Comment quelqu'un peut il devenir un penseur s'il ne passe pas au moins le tiers de sa journée sans passions, sans hommes et sans livres ?

325.

LE MEILLEUR REMÈDE. – Un peu de santé par ci par là, c'est pour le malade le meilleur remède.

NE TOUCHEZ PAS ! – Il y a des hommes néfastes qui, au lieu de résoudre un problème, l'obscurcissent pour tous ceux qui s'en occupent et le rendent encore plus difficile à résoudre. Celui qui ne s'entend pas à frapper juste doit être prié de ne pas frapper du tout.

327.

LA NATURE OUBLIÉE. – Nous parlons de la nature et, tout en parlant, nous nous oublions nous-mêmes ; mais nous aussi, nous sommes la nature, *quand même*. – Par conséquent la nature est tout autre chose que ce que nous ressentons en la nommant.

328.

PROFONDEUR ET ENNUI. – Pour les hommes profonds, comme pour les puits profonds, il se passe un certain temps jusqu'à ce que l'objet que l'on y jette atteigne le fond. Les spectateurs qui n'attendent généralement pas assez longtemps s'imaginent volontiers que de tels hommes sont insensibles et durs – ou bien encore qu'ils sont ennuyeux.

329.

QUAND IL EST TEMPS DE SE FAIRE SERMENT DE FIDÉLITÉ. – On s'égare parfois dans une direction intellectuelle qui est en contradiction avec nos talents ; pendant un certain temps on lutte héroïquement contre le flot et le vent, c'est-à-dire contre soi-même ; on se fatigue et on finit par gémir. Ce que nous accomplissons ne nous fait pas un plaisir véritable, car nos succès nous ont fait perdre trop de choses. Il arrive même que l'on *désespère* de sa fécondité, de son avenir, lorsque l'on est peut-être en pleine victoire. Enfin, enfin, on finit par retourner *en arrière* – et maintenant le vent s'engouffre dans notre voile et nous pousse dans *notre* courant. Quel bonheur ! Combien nous nous sentons *certains de la victoire !* Maintenant seulement nous savons ce que nous sommes et ce que nous voulons, maintenant nous nous jurons fidélité à nous-mêmes et nous avons *le droit* de le faire – puisque nous savons.

330.

CEUX QUI PRÉDISENT LE TEMPS. – De même que les nuages nous révèlent où courent, bien au-dessus de nous, les vents, de même les esprits les plus légers et les plus libres, dans leurs courants, prédisent le temps qui va venir. Le vent de la vallée et les opinions de la place publique d'aujourd'hui ne signifient rien pour ce qui est de l'avenir, mais ne parlent que de ce qui est du passé.

331.

CONSTANTE ACCÉLÉRATION. – Les personnes qui commencent lentement et qui se familiarisent difficilement avec une chose, possèdent parfois plus tard la qualité de l'accélération constante, – en sorte que personne ne peut deviner « en fin de compte » où le flot pourra encore les entraîner.

332.

Trois bonnes choses. – La grandeur, le calme et la lumière du soleil – ces trois choses enveloppent tout ce qu'un penseur peut désirer et exiger de lui-même : ses espérances et ses devoirs, ses prétentions sur le domaine intellectuel et moral, je dirai même sa façon quotidienne de vivre et l'orientation du lieu où il habite. A ces trois choses correspondent d'une part des pensées qui *élèvent*, ensuite des pensées qui *tranquillisent*, en troisième lieu des pensées qui *illuminent* – mais en quatrième lieu des pensées qui participent de ces trois qualités, des pensées où tout ce qui est terrestre arrive à se transfigurer : c'est l'empire où règne la grande *trinité de la joie*.

333.

Mourir pour la « vérité ». – Nous ne nous ferions pas brûler pour nos opinions, tant nous sommes peu sûrs d'elles. Mais peut-être pour le droit d'avoir nos opinions et de pouvoir en changer.

334.

Avoir sa taxe. – Si l'on veut passer exactement pour ce que l'on *est*, il faut être quelque chose qui possède *sa taxe*. Mais n'a une taxe que ce qui est d'un usage vulgaire. Par conséquent ce désir est ou bien la suite d'une modestie intelligente – ou d'une immodestie stupide.

335.

Morale pour ceux qui batissent. – Il faut enlever les échafaudages lorsque la maison est construite.

336.

Sophocléisme. – Qui a mis plus d'eau dans son vin que les Grecs ! La sobriété alliée à la grâce – ce fut là le privilège de noblesse des Athéniens du temps de Sophocle et de ceux qui vinrent après lui. Que celui qui le peut fasse de même ! Dans la vie et dans la création !

337.

L'héroïsme. – L'héroïsme consiste à faire de grandes choses (ou à *ne pas* faire quelque chose d'une façon grande), sans avoir, dans la lutte *avec* les autres, le sentiment d'être *devant* les autres. Le héros porte avec lui le désert et la terre sainte aux limites infranchissables, où qu'il aille.

338.

Double de la nature. – Dans certaines contrées de la nature nous nous découvrons nous-mêmes avec un frisson agréable ; c'est pour nous la plus belle façon d'avoir un double. – Combien doit être heureux celui qui peut avoir ce sentiment, *ici* même, dans cette atmosphère d'automne sans cesse ensoleillé, sous le souffle malicieux et heureux du vent, qui se prolonge du matin au soir, enveloppé de cette clarté la plus pure et de cette fraîcheur tempérée, et se retrouver dans le caractère riant et sérieux, à la fois, des collines, des lacs et des forêts de ce plateau, qui s'étend sans crainte à côté de l'épouvante de la neige éternelle, là où l'Italie et la

Finlande ont formé alliance et semblent être la patrie de toutes les nuances argentées de la nature : – heureux celui qui peut dire : « Il y a certainement beaucoup de choses plus grandes et plus belles dans la nature, mais *ceci* est étroitement et intimement parent avec moi, j'y suis lié par les liens du sang, par plus encore ! »

339.

Affabilité du sage. – Le sage sera involontairement affable avec les autres hommes, comme ferait un prince, et, malgré toutes les différences de dons, de conditions et de manières, il lui arrivera de les traiter comme des égaux : ce qu'on lui reproche amèrement dès qu'on s'en aperçoit.

340.

Or. – Tout ce qui est or ne brille pas. Le rayonnement doux est le propre du métal le plus précieux.

341.

Roue et frein. – La roue et le frein ont des devoirs différents, mais ils en ont aussi un semblable : celui de se faire mal.

342.

Dérangements du penseur. – Tout ce qui l'interrompt dans ses réflexions (le *dérange*, comme on dit), le penseur doit le regarder paisiblement comme un nouveau modèle qui entre par la porte pour s'offrir à l'artiste. Les interruptions sont les corbeaux qui apportent sa nourriture au solitaire.

343.

Avoir beaucoup d'esprit. – Avoir beaucoup d'esprit conserve jeune : mais il faut supporter avec cela de passer pour plus vieux qu'on est. Car les hommes lisent les traits d'esprit comme si c'étaient des traces d'*expérience* de la vie, c'est-à-dire des témoignages que l'on a beaucoup vécu et mal vécu, que l'on a souffert, que l'on s'est trompé et que l'on s'est repenti. Donc : on passe auprès d'eux pour plus vieux, tout aussi bien que pour *plus mauvais* qu'on n'est, lorsque l'on a beaucoup d'esprit et qu'on le montre.

344.

Comment il faut vaincre. – Il ne faut pas vouloir vaincre lorsque l'on a seulement la perspective de dépasser son adversaire d'un cheveu. La bonne victoire doit réjouir le vaincu, et avoir quelque chose de divin qui épargne l'*humiliation*.

345.

Illusion des esprits supérieurs. – Les esprits supérieurs ont de la peine à se délivrer d'une illusion : ils se figurent qu'ils éveillent la jalousie des médiocres et qu'ils sont considérés comme des exceptions. Mais en réalité on les considère comme quelque chose de superflu, dont on se passerait, si cela n'existait pas.

Exigence de la vanité. – Changer ses opinions, c'est, pour certaines natures, une exigence de propreté, de même que changer de vêtements : mais pour d'autres natures ce n'est qu'une exigence de la vanité.

347

Digne d'un héros. – Voici un héros qui n'a pas fait autre chose que de secouer l'arbre dès que les fruits étaient mûrs. Cela vous semble-t-il être trop peu de chose ? Voyez donc l'arbre qu'il a secoué.

348.

A quoi l'on peut mesurer la sagesse. – Le surcroît de sagesse se laisse mesurer exactement d'après la diminution de bile.

349.

L'erreur présentée d'une façon désagréable. – Ce n'est pas du goût de tout le monde d'entendre la vérité dite d'une façon agréable. Mais personne ne doit s'imaginer que l'erreur devient vérité lorsqu'on la présente d'une façon *désagréable*.

350.

La maxime dorée. – On a mis beaucoup de chaînes à l'homme pour qu'il désapprenne de se comporter comme un animal : et, en vérité, il est devenu plus doux, plus spirituel, plus joyeux, plus réfléchi que ne sont tous les animaux. Mais dès lors il souffre encore d'avoir manqué si longtemps d'air pur et de mouvements libres : – ces chaînes cependant, je le répète encore et toujours, ce sont ces erreurs lourdes et significatives des représentations morales, religieuses et métaphysiques. C'est seulement quand la *maladie des chaînes* sera surmontée que le premier grand but sera entièrement atteint : la séparation de l'homme et de l'animal. – Or, nous nous trouvons au milieu de notre travail pour enlever les chaînes, et il nous faut pour cela les plus grandes précautions. Ce n'est qu'à *l'homme anobli* que la *liberté d'esprit* peut être donnée ; lui seulement est touché par l'*allègement de la vie* qui met du baume dans ses blessures ; il est le premier à pouvoir dire qu'il vit à cause de la *joie* et à cause de nul autre but ; et, dans toute autre bouche, la devise serait dangereuse : *Paix autour de moi et bonne volonté à l'égard de toutes les choses prochaines.* – Cette devise pour les individus le fait songer à une parole ancienne, magnifique et touchante à la fois, qui était faite pour *tous* et qui est demeurée au-dessus de l'humanité, comme une devise et un avertissement dont périront tous ceux qui en orneront trop tôt leur bannière, – une devise qui fit périr le christianisme. Il semble bien que *les temps ne sont pas encore venus* où tous les hommes pourront avoir le sort de ces bergers qui virent le ciel s'illuminer au-dessus d'eux et qui entendirent ces paroles : « Paix sur la terre, bonne volonté envers les hommes (¹) » – Le temps appartient encore aux *individus*.

---

[1] Luc, II, 14. – N. d. T.

L'ombre : De tout ce que tu as énoncé, rien ne m'a autant plu qu'une de tes promesses : vous voulez redevenir bons prochains des choses prochaines. Cela nous profitera bien, à nous aussi, pauvres ombres. Car, avouez-le donc, vous avez eu jusqu'ici trop de plaisir à nous calomnier.

Le voyageur : Calomnier ? Mais pourquoi ne vous être jamais défendues ? Vous aviez bien nos oreilles à proximité.

L'ombre : Il nous semblait que nous étions justement trop près de vous pour pouvoir parler de nous-mêmes.

Le voyageur : Délicat ! très délicat ! Ah ! vous autres ombres êtes « meilleures gens » que nous, je le remarque.

L'ombre : Et pourtant, vous nous appeliez « indiscrètes » – nous qui nous entendons bien à une chose, au moins, nous taire et attendre – pas d'Anglais qui s'y entende mieux. Il est vrai qu'on nous trouve très, très souvent à la suite de l'homme, mais non pas dans sa domesticité. Quand l'homme appréhende la lumière, nous appréhendons l'homme : c'est la mesure de notre liberté.

Le voyageur : Ah ! la lumière appréhende encore plus souvent l'homme, et alors vous l'abandonnez aussi.

L'ombre : Je t'ai souvent abandonné à regret : pour moi qui suis jalouse de savoir, il est bien des choses dans l'homme qui sont restées obscures, parce que je ne puis être toujours à ses côtés. Au prix de la connaissance complète de l'homme, j'accepterais même d'être ton esclave.

Le voyageur : Sais-tu donc, sais-je donc si par là à ton insu, d'esclave tu ne deviendrais pas maîtresse ? Ou bien resterais-tu esclave, mais, ayant le mépris de ton maître, mènerais-tu une vie d'humiliation, de dégoût ? Contentons-nous l'un et l'autre de la liberté telle qu'elle t'est restée – à toi *et* à moi ! Car l'aspect d'un être sans liberté empoisonnerait mes plus grandes joies, la meilleure chose me répugnerait, si quelqu'un *devait* la partager avec moi, – je ne veux pas savoir d'esclaves autour de moi. C'est pourquoi je ne puis souffrir le chien, l'écornifleur fainéant qui frétille de la queue, qui n'est devenu « cynique » qu'en qualité de valet de l'homme, et qu'ils ont coutume de vanter, disant qu'il est fidèle à son maître et le suit comme son...

L'ombre : Comme son ombre, c'est ainsi qu'ils disent. Peut-être t'ai-je aujourd'hui suivi trop longtemps. C'était le jour le plus long, mais nous voici au bout, aie un petit moment de patience encore. Ce gazon est humide, j'ai le frisson.

Le voyageur : Oh ! est-il déjà temps de nous séparer ? Et il a fallu pour finir que je te fasse mal, j'ai vu que tu en devenais plus sombre.

L'ombre : J'ai rougi, dans la couleur où il m'est possible. Il m'est revenu que j'ai souvent couché à tes pieds comme un chien et qu'alors tu...

Le voyageur : Et ne pourrais-je pas en toute hâte faire quelque chose qui te fit plaisir ? N'as-tu point de souhait à former ?

L'ombre : Pas d'autre que le souhait que formait le « chien » philosophe devant le grand Alexandre : Ote-toi un peu de mon soleil, je commence à avoir trop froid.

Le voyageur : Que dois-je faire ?

L'ombre : Marche sous ces pins et regarde autour de toi vers les montagnes, le soleil se couche.

Le voyageur : Où es-tu ? Où es-tu ?